KB272008

알아서는 안 되는 현대사의 정체

1판 1쇄 펴낸날 2026년 4월 20일
지은이 마부치 무쓰오 | 옮긴이 박연정
펴낸곳 챕터하우스 | 출판등록 제315-2007-000038호
주소 서울시 강서구 화곡로68길 47, 601호
전화 070-8842-2168 | 팩스 02-2659-2168
이메일 chapterhouse@naver.com
ISBN 978-89-6994-030-8 03900

책값은 뒤표지에 있습니다.
잘못된 책은 구입하신 곳에서 바꾸어 드립니다.

세계를 조종하는
딥스테이트는
어떻게 생겨났는가

알아서는 안 되는

현대사의 정체

마부치 무쓰오 지음

박연정 옮김

일러두기

1. 이 책은 2019년 출간된 마부치 무쓰오의 『知ってはいけない現代史の正体(알아서는 안 되는 현대사의 정체)』를 번역한 것입니다.

2. 본문의 각주는 모두 옮긴이가 단 것입니다.

21세기 역사를 우리 손으로 되찾기 위하여

2019년 5월 1일 레이와(令和)[1] 시대가 시작되었다. 새로운 세계의 시작을 예감하게 만드는 막이 열리고, 먼저 미국에서 기쁜 소식이 날아왔다.

미국에서는 트럼프 대통령이 '러시아게이트'[2] 수사에서 전면 승리했다. 3월 하순 윌리엄 바 법무장관에게 제출된 로버트 뮬러 특별검사의 수사 보고서는 2016년 대통령 선거에서 트럼프 진영과 러시아의 공모가 없었음을 인정했다. 이렇게 해서 트럼프 대통령 제거를 노렸

---

1 나루히토 현 일왕 즉위 뒤 사용되고 있는 새 연호.

2 2016년 미국 대선에서 트럼프 혹은 선거본부 참모들이 선거 국면을 자신들에게 유리하게 조성하기 위해 러시아 측과 공모했다는 의혹.

던 반트럼프 세력이 준비한 러시아게이트 의혹은 반트
럼프 세력의 참패로 끝났다.

이전에 같은 수법으로 닉슨 대통령을 끌어내렸던 워
터게이트사건[3]을 꾸민 세력이 트럼프에게 완패했다는
사실은 미국 정치의 역학 관계가 크게 변화했음을 보여
주는 역사적인 사건이다.

문제는, 사법은 당연히 공정하고 중립적이어야 하는
데 어째서 반트럼프 세력이 사법을 자의적으로 사용해
대통령을 추궁할 수 있었을까.

그 이면을 밝혀내면 오늘날 미국의 권력 구조의 어둠
이 밝혀진다. 이 어둠에는 긴 역사가 있다. 이러한 역사
의 어둠을 규명하고자 이 책을 썼다. 따라서 현대사에
대한 통사가 아닌 현재의 세계 구조를 이해하기 위해 검
증해야 할 사건을 다룬다.

러시아게이트 의혹을 잘 넘겼기 때문에 트럼프 대통
령은 재선 가능성이 높아졌다. 그러나 트럼프 대통령과

---

3 1972년 미국 대통령 선거를 앞두고, 닉슨 재선위원회가 민주당 본부가 있는
　워싱턴시의 워터게이트 빌딩에서 도청하려던 사건. 이 사건으로 1974년 8월
　8일 닉슨은 대통령직에서 물러났다.

　　　　알아서는 안 되는 현대사의 정체

반트럼프 세력의 대결은 이것으로 끝나지 않았다. 반트럼프 세력은 생존을 위해 트럼프를 제거할 기회를 호시탐탐 노리고 있어 양측의 대결은 아직도 이어진다고 보아야 한다. 이 대결은 미국 국내의 권력 투쟁에 그치지 않는다. 이 대결의 귀추가 21세기 세계의 운명을 결정하게 되기 때문이다. 새로운 레이와 시대를 맞이한 우리의 미래도 앞으로 트럼프의 대결에 달려 있다.

트럼프 대통령이 정치생명을 걸고 싸우고 있는 상대는 미국뿐만 아니라 세계를 배후에서 지배해온 딥스테이트(Deep State)이다. 딥스테이트란 문자 그대로 '깊이 숨어 있어 보이지 않는 국가'이고, 우리가 평소에 접하는 '겉으로 드러난 국가'를 배후에서 조종해온 '그림자의 지배자'이다.

그렇다면 딥스테이트는 구체적으로 어떤 세력일까. 이 책은 각 장에서 여러 역사적 사건을 재검증할 때 배후에서 관여해온 그들의 정체에 대해 자세하게 이야기하기 때문에 여기서는 딥스테이트의 전체상을 간단하게 설명하고 끝내겠다.

딥스테이트란 WASP(와스프, 백인 앵글로-색슨 기독교도) 대신 미국의 이스태블리시먼트(기성세력) 자리를 차지한 글로벌리스트로 구성된 좌파 유대인 사회를 가리킨다. 그들은 주요 미디어를 산하에 두어 여론을 조작하고 달러 발행권을 독점하여 금융을 지배하며 CIA(미국의 중앙정보국)를 비롯한 정보기관을 지배하에 두고 세계의 이면 사회와 연결된다. 군산복합체라고 불리는 방위산업과 다국적 기업을 장악하고 사업 편의를 제공하며 네오콘이라는 사상 정책 집단을 활용해 세계 전략을 수행해왔다. 러시아게이트에서 볼 수 있듯이 사법계의 핵심을 파악하고 당파적인 수사나 재판으로 정적들을 침묵시켰다.

그들은 100여 년 전인 윌슨 대통령 시대부터 미국의 실권을 장악하고 세계에 영향력을 미치기 시작했다. 그 이후 세계 역사의 실상은 우리가 역사 교과서에서 배운 정통파 역사관과는 전혀 다르다. 최근 역사수정주의를 주장하는 역사 재검토론이 유행하기 시작했다. 그런데 이 책에서 자세히 검증하겠지만 지금까지의 역사 수정론은 모두 격화소양(隔靴搔癢)[4]을 벗어나지 못했다.

---

4 성에 차지 않거나 철저하지 못한 안타까움을 이르는 말.

이 책은 과거 100년에 걸친 역사의 개찬(改撰)을 폭로하고 21세기의 역사를 우리 손으로 되찾기 위한 자그마한 시도이다. 독자 여러분들에게 참고가 된다면 감사하겠다.

2019년(레이와 원년) 5월 좋은 날

마부치 무쓰오(馬渕睦夫)

| 차례 |

제1장
사회주의자가 계획한 미일전쟁 【1917~1941년】· 53

제3장
네오콘이라는 금융 마피아의 암약【1990~2015년】· 177

도했다.

2015년 파리 동시다발 테러 사건 · 219

통설▶ 이슬람교도에 대한 공포심과 경계심을 더욱 안겨주게 되었다.
역사의 진상▶ '이슬람교도는 잔인하다'라는 인상을 주기 위한 네오콘의 가짜
깃발 작전이었다.

제4장
자국 우선주의의 역습 【2016~2019년】 · 225

2016년 미국 대통령 선거에서 트럼프가 승리 · 230

통설▶ 트럼프 대통령의 '미국 우선주의(아메리카 퍼스트)'는 대중영합주의이다.
역사의 진상▶ '미국 우선주의'는 정치를 배후에 있는 지배자의 손에서 국민에
게 돌려주는 것이다.

2017년 G20 함부르크 정상회의 · 238

통설▶ '상호 연결된 세계 형성'을 주제로 솔직한 의견 교환이 이루어졌다.
역사의 진상▶ 미러 관계가 세계의 운명에 결정적인 영향을 미치고, 중국은 분
명하게 배제되었다.

2018년 북미 정상회담 · 247

통설▶ 북미 정상회담은 북한이 제재 해제와 경제 지원을 원하면서 개최되었다.
역사의 진상▶ 북미 정상회담은 김정은의 후원자인 국제 금융 세력이 손을 뗀
결과이다.

서장
'거짓된 역사관'
이란

'역사수정주의'라는 말에 대한 오해

'역사수정주의'라는 말에 좋지 않은 이미지를 갖고 있는 사람이 적지 않다. 이는 어쩌면 2014년 3월 2일 미국의 대형 신문사 뉴욕타임스가 게재한 "아베의 위험한 수정주의(Mr. Abe's Dangerous Revisionism)"라는 제목의 사설에서 시작된 일련의 소동이 크게 영향을 미쳤다.

아베 신조 일본 총리는 같은 해 2월 28일 중의원 예산위원회에서 중국이라고 분명하게 말하지는 않았지만 해외에서 전개되고 있는 반일 프로파간다에 대해 언급하며 비판했다. 아베 총리의 난징사건(南京事件)[5]과 일본군 위안부 문제에 대한 견해를 뉴욕타임스가 위험한 수정주의(revisionism)라고 트집을 잡고, 이어서 파이낸셜타임스, 워싱턴포스트, 월스트리트저널 등의 유력지가 일제히 일본은 극우화로 가는 일로에 있다고 비난하기 시작했다. 스가 요시히데 관방장관은 바로 며칠 후, "사설에는 현저한 사실 오인이 포함되어 있다"고 뉴욕타임스에 항의했다.

수정주의 또는 수정주의자(revisionist)라는 말은 유럽과 미국에서 확실히 좋은 의미로는 쓰이지 않는다. 제2차 세계대전 이후, 나치 독일의 홀로코스트는 존재하지 않았다고 주장하는 연구에 대해서 주로 자유주의 세력이 매우 비판적으로 리비저니즘(revisionism), 수정주의, 역사수정주의라고 부르며 낙인을 찍은 배경이 있기 때문이다. 뉴욕타임스의 사설 "아베의 위험한 수정주의"는 명백히 이를 이용한 세뇌 보도였다.

'역사수정주의'란 원래 사료나 사실이 새로 발견된

---

5 1937년 난징을 점령한 일본군이 저지른 학살 사건.

                    알아서는 안 되는 현대사의 정체

경우에는 그것에 근거하여 역사는 고쳐써야 한다는 입장을 말한다. 홀로코스트 유무설(有無説)이 그렇다는 건 아니지만, 역사를 날조하는 주장을 '역사수정주의'라고 부르지는 않는다.

'역사수정주의'라는 말은 여러 미디어나 정치 단체, 시민단체, 지식인이 때때로 악의를 담아 혹은 세뇌를 위해 사용하기 쉽다. 이것을 정확히 구분해 '역사수정주의'라는 사고방식을 객관적으로 인식하지 않으면 우리는 언제까지나 '거짓된 역사관(페이크 히스토리, fake history)'에 사로잡힌 채로 있게 된다.

잘 이해해야 할 '역사수정주의'

광고나 서평 등을 보면 알 수 있듯이 최근 역사를 다시 보자는 취지의 서적 출판이 활발하다. 특히 제2차 세계대전은 왜 일어났는가에 대해서 여러 주장이 나와 논의가 오가고 있다. 이런 주장을 한데 묶어 '역사수정주의'라고 부른다.

재검토하려는 것은 전통적인, '정통파'라고 알려져

있는 역사관이다. 즉, 일본의 초·중·고등학교에서 배우는 역사이다.

우리는 학교에서 일본은 나쁜 나라였다고 배운다. 일본은 1931년 만주사변으로 아시아 침략을 시작하고, 1937년 중일전쟁으로 본격적인 침략을 개시한다. 일본의 침략을 멈추기 위해서 1941년에 시작된 미일전쟁(태평양전쟁)이 전개되었다는 식으로 배운다. 이러한 인식이 정통파의 역사관이다.

이 역사관에 대해서 제2차 세계대전 직후부터 일본 국내와 해외에서 재검토가 있기는 했지만, 소수파였다. 최근에는 여러 학자나 연구자, 지식인이 이 역사관은 오류가 있다고 주장하는 경우가 늘어나고 있다. 세계의 구조가 변하고 있다.

다양한 관점에서 논의가 이루어지는 것은 좋지만, '역사수정주의'도 잘 이해하고 대응하지 않으면 오히려 진정한 역사를 보지 못하게 될 위험성이 있다. 그 예로 대표적인 '역사수정주의' 유형 세 가지를 제시하고 생각해보기로 하자.

정통파 역사에서 제2차 세계대전은 "세계공황으로 자국의 이익이 우선시되는 국제 정세에 따라 국제 협력

　　　알아서는 안 되는 현대사의 정체

의 기회가 급속히 줄어드는 가운데, 이 상황을 이용하여 이탈리아·일본·독일은 파시즘적 강권 체제 아래 침략으로 상황 타개하겠다는 목표로 제2차 세계대전을 일으켰다"고 설명하고 있다. 이에 대해서 다음과 같은 역사수정의 논의가 있다.

1. 제2차 세계대전은 코민테른 모략으로 일어났다.
2. 제2차 세계대전은 루스벨트와 처칠이 어리석었기 때문에 일어났다.
3. 제2차 세계대전은 미국이 영국으로부터 세계 패권을 빼앗기 위해 일어났다.

모두 현재 상당히 주목받고 있는 주제이다. 역사학자와 평론가들이 이들 유형을 입증하기 위해 쓴 책도 많이 나와 있다.

그런데 이 주장들은 진짜일까. 하나씩 간단히 살펴보자. 결론부터 먼저 말하자면 모두 틀렸다.

'제2차 세계대전 코민테른 모략설'은 낙제점

코민테른 모략설은 최근에 갑자기 널리 알려지게 되었다. 미일전쟁을 포함해서 제2차 세계대전은 코민테른 음모로 일어났다는 역사관이다. 모든 원흉은 코민테른을 움직여 음모를 수행한 소비에트연방(소련) 제2대 최고지도자 이오시프 스탈린에 있다는 설이다.

코민테른은 공산주의 인터내셔널(Communist International)의 약칭이다. 1919년부터 1943년까지 존재했다. 소련 창시자 블라디미르 레닌이 건국과 함께 만들어 세계 각국에서 공산주의 혁명 실현을 목적으로 하는 국제 조직이다.

코민테른 모략설은 세계 공산주의화를 목적으로 레닌의 뒤를 이은 스탈린이 전 세계에 코민테른을 암약시켜 제2차 세계대전을 일으켰다는 주장이다. 그러나 이 역사관은 50퍼센트밖에 맞지 않는다.

50퍼센트도 오히려 너무 후한 것 같다. 영점이라고 해도 좋을 정도인데, 가까스로 10점 정도는 받을 수 있을지도 모르겠다.

왜냐하면 코민테른 모략설에 빠지면 진짜로 모략을

꾸민 존재, 즉 스탈린 및 코민테른 배후에 있던 존재가 숨겨지기 때문이다. 그런 점에서 이 주장은 진짜 역사를 판별하는 데 방해만 될 뿐이다.

코민테른 모략설을 주장하는 학자, 연구자, 평론가는 확실히 매우 진지하게 논리를 내세우고 있다. 그 의욕은 크게 산다. 그러나 거기에 머물러 있으면 안 된다. 거기에 머무르면 줄거리만 다른 '거짓된 역사관'(페이크 히스토리)이 될 뿐이며, 여전히 왜곡된 역사 그대로이다. 스탈린이 전부 잘못했다, 코민테른이 나빴다로 끝내면 제2차 세계대전은 누가 어떤 의도로 일으켰는지 그 진실을 알 수 없게 된다.

스탈린이나 코민테른은 '진짜 배후'를 감추기 위한 연막이다. 물론 코민테른 모략설을 주장하는 사람들이 연막을 치는 데 한몫하고 있다고는 생각하지 않는다. 그렇다면 작전 세력이다.

코민테른 모략설에 머무르면 더 나아갈 수 없다. 스탈린 또는 코민테른 배후에 있는 '진짜 흑막'이 러시아 혁명 이후 세계를 움직여왔다. 여기에 스포트라이트를 비추지 않으면 역사는 바르게 수정되지 않는다.

상식적으로 말이 안 되는
'루스벨트와 처칠이 아주 어리석었다는 설'

미국 제32대 대통령 프랭클린 루스벨트와 영국 수상 윈스턴 처칠은 제2차 세계대전의 정식 무대에서 언급되는 국제적인 지도자 두 사람이다. 1945년 2월 소련의 크림반도 얄타의 리바디아 궁전에서 전후 세계 질서에 대한 협의가 미국·영국·소련 사이에서 이루어졌다. 루스벨트, 처칠, 스탈린 세 정상들의 소위 얄타회담이다.

루스벨트와 처칠이 아주 어리석었기 때문에 제2차 세계대전이 일어났다는 설은 어떠한가. 미국과 영국 정상은 정말로 바보 같은 일을 계속했다, 그러나 정상이 한 일이니까 역사가는 그 어리석음을 숨긴 채 두 사람을 높여주고 있다는 역사관이다.

제2차 세계대전 개시 원인을 루스벨트와 처칠에서 찾는 논조는 분명히 있다. 제31대 미국 대통령 허버트 후버의 회고록 『배신당한 자유(裏切られた自由)』(상하권, 조지 H. 내쉬 편, 와타나베 소우키 역, 소시샤)의 부록 사료에서 후버는 루스벨트를 "일본을 전쟁에 끌어들일 음모를 꾸민 '광기'의 사나이"라고 평가하고 있었음이 밝혀졌다. 처칠에 대해서는 미국의 평론가 패트릭 뷰캐넌이 『불필요한 두 개의 대전(不必要だった二つの大戰)』(고우치 다카야 역, 고쿠쇼칸쿠카이)에서 다음과 같이 소개하고 있다.

처칠은 러시아혁명의 위험성을 재빨리 알아차리고, 레닌과 스탈린에 대한 전쟁을 가장 격렬하게 주장했다. 나치 대두의 위험성에 일관되게 경종을 울리고, 히틀러의 평화 제안을 무시하고, 기어코 전쟁을 원하고, 루스벨트를 전선으로 끌어들였다. 정세 변화에 따라 가장 미워했을 스탈린에게 동정심을 이용해 "과거의 나를 용서해주겠습니까"라고까지 말했다.

이러한 평가들은 일면 사실일 것이다. 그런데 만약 '루스벨트와 처칠이 아주 어리석었다는 설'이 맞으려면, 상식적으로 어째서 그렇게 어리석은 지도자를 그대로 두었는가 하는 의문이 생긴다. 특히 루스벨트는 4선 대통령이다. 1933년부터 1945년까지 12년 동안 대통령으로 재임했다. 주위 사람들도 미국 국민들도 어리석은 대통령을 어떻게 12년 동안이나 내버려두었을까.

루스벨트뿐만 아니라 처칠도 매우 어리석었다는 설은 그런 의미에서도 안타깝지만 전혀 정당성이 없는 역사관이다. 이 역사 수정설에는 제2차 세계대전은 우연히 미국과 영국 지도자가 어리석었기 때문에 일어났다는 본래 일어나기 힘든 일이 역사로 통용될 위험이 있다.

루스벨트와 처칠이 임기 중에 실시한 정책을 살펴보면, 두 사람 모두 크게 어리석은 계책을 전개하고 있음은 확실하다. 그러나 문제는 그들이 취한 정책의 배후에 누가 있었냐는 것이다.

이 구조는 앞에서 서술한 코민테른 모략설과 같다. 루스벨트와 처칠이 아주 어리석었다는 설은 배후에 있는 진짜 흑막 세력을 감출 목적으로, 세계를 움직여온 존재에 대한 연막을 치기 위한 역사 수정설이 아닐 수 없다.

100퍼센트 잘못된
'미국의 영국으로부터의 패권 탈취설'

"제2차 세계대전은 미국이 영국으로부터 세계 패권

　　　　　　　　　　알아서는 안 되는 현대사의 정체

을 빼앗기 위한 전쟁이었다”는 설은 완전히 틀렸다. 이러한 오류는 국제사회가 반드시 국가 단위로 움직이고 있지는 않다는 인식이 결여되어 있기 때문에 일어난다.

전통적인 역사학자는 왠지 국가 단위로밖에 생각하지 못하는 것 같다. 국가 단위로만 생각하니까, 미국이 영국으로부터 패권을 빼앗기 위해 벌인 전쟁이 제2차 세계대전이라는 엉뚱한 결론에 이르게 된다. 국가 단위로만 생각하면 지금 세계에서 일어나고 있는 일도 전혀 이해할 수가 없다.

미국이 영국의 패권을 빼앗기 위해 일으킨 전쟁이 제2차 세계대전이라는 설이 완전히 틀렸음을 세 가지 예를 들어 증명해보자.

먼저 첫 번째는 FRB의 존재다. FRB는 ‘Federal Reserve Board’(연방준비제도이사회)의 약칭이다. 이사회(Board)라는 용어를 사용하고 있지만, 미국 ‘중앙은행’이다. 일본으로 말하자면 일본은행(BOJ)에 해당한다.[6]

6　우리나라는 한국은행에 해당한다.

FRB는 1913년 제28대 대통령 우드로 윌슨 정권에서 창설되었다. 중앙은행은 달러를 발행할 권한을 가지고 있는, 미국에서 유일한 은행이라는 의미이다. 그리고 FRB는 주식 100퍼센트를 민간이 가진 민간은행이다.

그렇다면 FRB의 주주는 누구냐 하는 문제인데, 이는 공표되지 않았다. 여러 가지 조사해보고 알아낸 사실이 있다. 예상과 달리 시티[7], 즉 영국 금융업계가 FRB의 주주였다.

1913년 FRB의 창설은 영국 시티의 국제 은행가, 금융 자본가가 미국 금융을 장악하기 위한 목적이 있었다. 1913년 이후 영국이 미국 경제의 실권을 쥐게 되었다. 제2차 세계대전이 끝난 후에도 이 상황은 변하지 않았다. 이는 분명히 제2차 세계대전으로 미국이 영국에게서 패권을 빼앗았다는 설이 틀렸음을 여실히 증명한다.

두 번째는 1950년 발발한 한국전쟁(6·25전쟁)이다. 미국은 유엔군으로 참전했는데, 한국전쟁에서 중요한

---

7 The City, 정식 명칭은 '더 시티오브런던(The City of London)'이다. 영국 중앙은행을 비롯해 전 세계 주요 금융회사가 몰려 있는 런던 특별행정구역을 뜻하지만 런던 금융계를 통칭하는 의미로 더 많이 쓰인다.

　　　　　　　　　　　알아서는 안 되는 현대사의 정체

전략을 결정할 때 항상 영국의 승인을 받아야 했다는 공식 기록이 남아 있다. 압록강 철교 폭격 같은 중요한 작전을 수행할 때 당시 해리 트루먼 미국 대통령은 일일이 영국에 물어보았다. 미국이 영국으로부터 패권을 빼앗았다면 이런 일은 있을 수 없다. 패권은 영국에서 이동하지 않았다.

세 번째는 미국 제37대 대통령 리처드 닉슨의 사임극이다. 닉슨은 1982년에 출판된 저서 『리더들(Leaders)』(일본 번역서 『지도자란(指導者とは)』)[8]에서 다음과 같이 이야기하고 있다.

미국에도 유능한 외교관은 많지만, 영국 영향력이 있는 여러 나라를 여행한 나의 경험으로 말하면 영국 외교관들이 통찰력도 역량도 훨씬 뛰어나다. 오늘날에도 미국 정치가들은 중요한 정책을 결정하기 전에 유럽 정상들의 의견을 들어야 한다고 생각한다. 단순한 상의나 사후 통보로는 안 된다. 힘 있는 자가 반드

---

8 한국어판 『20세기를 움직인 지도자들』, 박정기 역, 을지서적, 1998.

시 최대의 경험과 최고의 두뇌와 안목과 직관을 갖추
고 있다고는 할 수 없다.

—『지도자란(指導者とは)』, 도쿠오카 다카오 역, 분게이슌주, 2013

왜 닉슨은 영국 외교관을 칭찬하는 이야기와 유럽 정
상에 대한 이야기를 함께 쓰고 있는지 그 의미를 읽는
것이 세계를 보는 안목을 키운다. 대부분의 사람들은 뒷
부분 문장에 관심을 갖고 세계 제일의 대국인 미국 대통
령도 유럽 정상들과 원만하게 지내야 한다고 말하고 있
구나 하고 생각하기 쉽다. 그것은 아니다.

'유럽'이라고 하지만 이는 영국을 의미하고 있다. 그
이유는 앞부분에서 영국 외교관은 미국 외교관보다 통찰
력도 역량도 훨씬 뛰어나다고 지적하고 있기 때문이다.

1972년에 시작된 워터게이트 사건에서 자신을 끌어
내린 것은 영국이며, 덧붙여 말하자면 영국의 시티라고
닉슨은 결코 말할 수 없다. 그러므로 영국 외교관의 일
화를 일부러 앞부분에 언급하여 아는 사람은 아는 장치
로 삼고 있다.

닉슨은 시티의 마음에 들지 않는 일을 했다. 여러 가
지 설이 있지만, 미국에서 사업을 하고 있는 시티에 대

한 세무조사에 착수하려고 했기 때문이라는 설이 가장 신빙성이 높다.

존 F. 케네디 암살 사건을 대표로 역대 미국 대통령의 암살, 암살 미수, 사임극 대부분은 영국과 관계가 있다. 물론 표면적인 범인이 영국인은 아니다. 배후에는 반드시 시티, 즉 영국의 금융 자본가 세력이라는 존재가 있다.

이런 내용은 전통적인 정통파 역사관에는 전혀 나오지 않는다. 그러나 현재 많은 사람들의 손을 통해 그 사실이 폭로되고 있다. 이러한 정보를 많은 사람들이 공유함으로써 배후인 그들의 계획은 앞으로 상당히 제한될 것이라는 점이 중요하다.

'그들은 악마다'라는 비유는 반드시 적절하지는 않지만, 일반적으로 악마는 악마라는 사실이 간파당하면 힘을 잃는다. 현재의 세계는 악마인 줄도 모르고 악마의 유혹에 넘어가고 있는 실정이다.

세계를 움직여온 '딥스테이트'

역사수정주의의 대표적인 세 유형 '제2차 세계대전 코민테른 모략설', '루스벨트와 처칠은 아주 어리석었다는 설', '미국의 영국으로부터의 패권 탈취설'이 얼마나 잘못되었는지를 앞에서 이야기했다. 그리고 왜 틀렸는지 그 포인트는 모두 진짜 모략을 꾸민 존재, 진짜 배후를 숨기게 된다는 데 있었다.

실제로 모략을 꾸민 존재, 진짜 배후란 최근 주목받기 시작한 그리고 저자가 일찍부터 저서나 강연에서 이야기한 '딥스테이트(Deep State)'다. '딥스테이트'란 나라 안의 나라 혹은 심층국가 등으로 번역되는데, 미국의 진정한 지배자를 가리킨다.

2018년 9월 미국 중간선거 캠페인 중 트럼프 대통령은 몬태나주 빌링스의 공화당 후보 지원 유세 중에 이런 말을 했다.

선거에서 뽑히지도 않는 딥스테이트의 조직원들이 자신의 비밀 과제를 추진하기 위해 유권자를 거스르는 일은 민주주의 자체에 진정한 위협이다.

 알아서는 안 되는 현대사의 정체

(Unelected, deep state operatives who defy the voters to push their own secret agendas are truly a threat to democracy itself.)

지금 미국뿐만 아니라 사실상 세계를 움직이고 있는 진짜 세력이 '딥스테이트'이다. 그러나 단지 '딥스테이트'라고 말하면 세상에는 말이 안 되는 음모론이라고 거부반응을 일으키거나 수상한 사고방식이라는 인상을 가진 사람이 적지 않다. 그래서 먼저 '딥스테이트'가 어떻게 생겨났는지 그 원점에 대하여 설명하도록 하겠다.

실제 배후 세력으로 '딥스테이트'가 존재한다는 것을 이해하지 않으면 국제 정세를 제대로 파악하기 힘들다. '딥스테이트'라는 존재를 빼고 북미관계는 앞으로 어떻게 될까, 미중 무역전쟁은 어떻게 될까, 또는 푸틴 대통령의 운명은 어떻게 될까 등을 아무리 이야기해도 본질적인 답을 찾기 힘들다.

딥스테이트, 즉 세계의 진정한 지배자의 원점은 어떤 세력이 어느 시기, 미국의 중요한 부분을 좌지우지했다는 데에 있다. 미국의 중요한 부분이란 '금융'과 '사법'과 '미디어'다.

어떤 세력이 먼저 '금융'을 지배하고, '딥스테이트' 기반을 다진 그 발단은 20세기 초반 100년쯤 전으로 거슬러 올라간다.

'딥스테이트'의 기반은 FRB 창설

1912년 미국 대통령 선거가 있었다. 민주당의 우드로 윌슨이 승리했다. 이 윌슨 대통령의 탄생은 오늘날의 '딥스테이트'를 만들어낸 첫 원흉이다.

윌슨이 대통령 선거에서 승리할 무렵에 이상한 일이 일어났다. 윌슨의 대항마는 첫 임기를 마친 현직의 제27대 대통령 윌리엄 태프트였다. 대체로 미국 대통령은 첫 임기만으로 끝내지 않는데, 결과적으로 태프트는 패배했다. 상식적으로 뭔가 내막이 있다고 생각하게 된다.

후보 선택부터 결과까지 선거에 큰 영향력을 갖는 '킹메이커'와 태프트 사이에 당시의 러시아 관계를 둘러싸고 의견이 불일치했었다고 생각된다. 그러나 여론의 상황으로 봐도 현직 태프트의 승리는 거의 확정적이었다.

거기에 생각하지 못한 사태가 일어난다. 태프트 대통

  알아서는 안 되는 현대사의 정체

령의 모체인 공화당이 분열해서 진보당이라는 제3정당이 생겨나고, 그 진보당의 당수로 추대된 시어도어 루스벨트가 대통령 선거에 뛰어들었다. 시어도어 루스벨트는 태프트의 전임 대통령이었다.

태프트는 시어도어 루스벨트가 후계로 지명했다. 비록 태프트 대통령의 정책에 불만이 있다 하더라도 전임 대통령이 제3정당까지 만들어서 반기를 든다는 것은 비정상적인 사태이다.

무슨 일이 있어도 윌슨을 대통령으로 만들어야 한다는 커다란 의도가 배후에서 작용했다. 합리적으로 생각하면 그렇다. 공화당 지지자의 표는 분산되었고 근소한 차로 윌슨이 대통령 선거에서 승리했다.

커다란 의도란 당시 힘을 얻기 시작한 월가의 금융 자본가들의 의도이다. 그들이 킹메이커로서 윌슨 편에 섰다. 윌슨이 대통령에 취임한 1913년 연말에 바로 FRB, 즉 중앙은행이 창설된 것으로 보아 분명하다.

FRB 관련 법안은 우왕좌왕하는 사이에 통과되었다. 윌슨에게는 월가의 금융 자본가들이 대통령으로 만들어 주었다는 약점이 있다. 윌슨 대통령은 관련 법안의 의미도 충분히 이해하지 못하고 사인한 것 같다.

로스차일드계 은행, 록펠러계 은행을 비롯한 영미 금융 자본가들이 FRB의 주주가 되었다. 이것이 미국의 금융이 '딥스테이트'의 손에 넘어간 과정이고 '딥스테이트'의 원점 중 하나가 된 중요한 사건이다.

윌슨의 불륜이 원인이 되어 좌지우지된 '사법'

윌슨 대통령은 1902년부터 1910년까지 프린스턴대학에서 총장을 맡았던 적이 있다. 그 시절에 윌슨은 어떤 여성과 불륜 관계를 맺고 있었다. 어느 날 불륜 상대였던 여성의 대리인 변호사가 대통령이 된 윌슨을 찾아왔다.

여성의 아들에게 25만 달러의 부채가 있는데 그것을 처리하기 위해 윌슨이 여성 앞으로 보낸 편지를 사주었으면 좋겠다는 이야기였다. 윌슨에게 그런 큰돈은 없었다. 물론 그것을 예상한 정치적 거래가 변호사의 목적이었다.

변호사의 이름은 사무엘 언터마이어라고 했다. 당시 월가에서 가장 유력한 법률사무소 중 하나인 <구겐하임

　　　　　　　　　　　알아서는 안 되는 현대사의 정체

언터마이어 마셜>을 공동 경영하는 유능한 변호사이다. 언터마이어는 차기 미국 연방대법원 배석판사에 공석이 생겼을 때 언터마이어가 추천하는 인물을 대법관으로 지명한다는 조건으로 편지 건을 취하한다.

1916년에 공석이 생긴다. 언터마이어는 루이스 브랜다이스라는 변호사를 추천하고, 브랜다이스는 의회의 승인을 얻어 대법관에 취임했다.

브랜다이스는 <제이콥 시프 상사>에서 고문 변호사를 맡고 있던 인물이다. 제이콥 시프(Jacob H. Schiff)는 러일전쟁 때 전비를 조달하기 위해 뛰어다닌 다카하시 고레키요[9]에게 도움을 준 은행 투자가로 일본에도 잘 알려져 있다.

브랜다이스는 미국 역사상 최초의 유대인 연방대법원 대법관이었다는 점이 중요하다. 이 브랜다이스는 미국을 1914년부터 시작되는 제1차 세계대전 참전으로 이끈다.

형세가 불리했던 영국은 미국의 참전을 바라고 있었

---

9 高橋是清(1854~1936). 일본 근대사에 중요한 인물로, 일본은행 총재, 재무장관 및 총리를 역임했다.

다. 영국은 로스차일드계를 비롯한 영미 금융 세력과 거래에 들어간다. 금융 세력은 팔레스타인에 유대 국가를 만드는 일에 영국이 동의하면 미국을 참전시킨다는 전략을 세우고 있었다. 브랜다이스는 이 전략 활동의 선두에 서 있었다.

1917년 4월 미국은 제1차 세계대전에 참전한다. 같은 해 11월 영국의 외무장관 아서 밸푸어가 팔레스타인에 국가 건설 운동을 전개하고 있던 유대인 상원의원 제2대 로스차일드 남작 라이오넬 월터 로스차일드에게 운동을 지지·지원하는 취지의 편지를 보내 약속을 이행한다.

이것이 유명한 '밸푸어 선언'이다. 학교에서 사용하는 역사 교과서에는 미국의 참전이나 밸푸어 선언이라는 사건은 나오지만, 밸푸어 선언이 왜 나왔는지는 설명되어 있지 않다.

미국의 연방대법원에는 유대계 대법관을 심어두었다. 그리고 FRB의 설립으로 미국의 금융은 이미 영국의 시티와 월가의 금융 자본가들에게 장악되었다. 이 두 가지가 '딥스테이트'의 원점인데, 이 두 사건의 관계자 및 이 사건으로 가장 이익을 얻는 사람은 유대계 사람들이었다는 점이 중요하다.

　　　　　　　　　　

보수 대 진보라는 대립 구조의 오류

2018년 10월 트럼프 대통령이 연방대법원 대법관으로 지명한 보수 성향 브렛 캐버노라는 인물이 상원의 승인을 받아 취임했다는 보도가 미디어에서 크게 다루어졌다. 미디어에서 주목한 이면에는 진보 진영이 준비한 캐버노의 스캔들이 추궁된 영향도 있었다.

미국의 연방대법원 대법관은 9명이다. 전통적으로 보수 성향 5명, 진보 성향 4명이라는 구성인데, 전임자인 앤서니 케네디 대법관은 보수 성향이라고는 하지만 때로는 지극히 진보적인 성향의 사법 판단을 하는 것으로 알려져 있었다. 트럼프가 지명한 캐버노 대법관이 후임으로 취임하며 다시 5 대 4의 보수 대 진보의 공존이 명확해질 것이라는 논조를 각 미디어는 취했다.

그러나 미디어는 여기까지만 전한다. 보수 대 진보란 도대체 무엇을 가리키고 있는가 하는 점에 대해서 전하는 법은 결코 없다.

연방대법원 대법관은 진보 성향 4명 중 3명이 유대계이다. 다른 한 명은 히스패닉계이다. 진보 성향 대법관

4명은 미국의 마이너리티, 즉 소수파로 이루어져 있다.

미국에서 유대계 인구는 600만 명 전후이며 전체 인구의 2퍼센트 정도에 불과하다. 그런 소수파가 연방대법원 대법관 9명 중 3명, 3분의 1을 차지하고 있다. 상식적으로 균형이 부족하다는 생각이 든다.

보수 대 진보라는 사고방식에는 착각이 있다. '보수' 대 '진보'란 사실상 '그 외의 사람들' 대 '유대계 사람들'이다.

오해할 수 있으니 정확히 말하자면, 진보 사상이란 사회주의적인 유대 사상이다. 이를 모르면 소수파임에도 불구하고 진보가 왜 이 정도로 힘을 가지고 있는가 하는 문제를 모른다. 덧붙여서 진보를 자칭하고 있는 일본인은 자기가 유대 사상을 체현하고 있다고는 꿈에도 생각하지 않을 것이다.

진보 사상=유대 사상이야말로 '딥스테이트'의 사상적인 배경이다. 마이너리티가 '딥스테이트'를 구성하고 있다. 미국의 '딥스테이트'는 마이너리티, 덧붙여 말하자면 유대계가 좌지우지하고 있다.

그리고 무엇보다 중요한 사실은 이 일은 이제 비밀도 아니라는 점이다. 음모론이라고 비판하는 사람들에게 음모란 그늘에 가려져 은밀하게 하는 일이라고 말하고 싶다. '딥스테이트'가 유대 사회라는 사실은 중요 인물에 의해 공언되어 이미 상식적인 인식이 되었다. 이는 더 널리 알려질 필요가 있다.

미국의 이스태블리시먼트는 유대 사회

미국의 제39대 대통령 지미 카터 정권에서 국가안전보장문제 담당 대통령 보좌관을 지냈다고 알려진 즈비그뉴 브레진스키라는 국제 정치학자가 있다. 2017년에 세상을 떠났다. 폴란드계 유대인이다.

브레진스키는 2004년에 쓴 저서 『선택(THE CHOICE)』(일본 번역서 『고독한 제국 아메리카』)[10]에서 이렇게 서술하고 있다.

21세기를 통틀어 거의 줄곧 민족적인 압력 단체는 다

---

10 한국어판 『제국의 선택』, 김명섭 역, 황금가지, 2004.

양한 수단으로 그 힘을 발휘해왔다. 전형적으로는 미국 전체에 흩어져 있는 표를 이용하거나(예를 들어 중앙유럽계는 미국 북동부에서 중서부에 주로 살고 있다) 중요한 주(州)에 집중하거나(유대계라면 뉴욕, 쿠바계는 플로리다), 아니면 자신의 정치적 주장 실현을 위해서 스스로 나서서 헌금하는 것(아르메니아계, 그리스계, 유대계) 등이다. (중략)

이렇게 독특한 문화적, 정치적 정체성이 역할을 하게 된 것은 예전에는 배타적이었던 WASP(와스프, 백인 앵글로-색슨 기독교도)의 엘리트 집단이 붕괴되고, 또 동일화에 힘쓰던 미국에서 다양성을 받아들이려는 움직임이 표면화된 시기와 일치한다. WASP의 지배가 약해진 것을 대신해 유대계 공동체의 사회적 입장과 정치적 영향력이 증대된다. 그 상승의 역사는 놀랄 만한 사실로 거의 한 세대가 지나는 동안 겉으로 드러나지 않았지만 널리 퍼진 편견의 대상이었던 그들이 미국 사회에서 영향력이 큰 다양한 분야에서 요직을 확보하게 되었다. 학회, 매스미디어, 오락 산업, 정치 자금 모금에 관해서도 마찬가지다. 유대인 5, 6백만 명은 평균적인 미국인들보다도 훨씬 높은 학

　　　　　알아서는 안 되는 현대사의 정체

력과 높은 수입을 얻고 있다.

더 중요한 점은 새로운 다양화 시대에 걸맞게 유대인들이 자신들의 정체성을 내세우지 않도록 하는 압박이 이미 없어졌으며—압박 자체는 50년 전과 마찬가지로 아직도 많은 사람들이 느끼고는 있지만—또한 그들은 이스라엘의 번영을 위해 당연한 도움을 피하지 않게 되었다.

—『고독한 제국 아메리카(孤独な帝国アメリカ)』, 호리우치 이치로 역, 아사히신문사

국가 혹은 사회를 대표하는 지배계급이나 조직, 기성세력을 이스태블리시먼트(Establishment)라고 한다. 우리는 학교 역사 교육에서 미국의 이스태블리시먼트는 1776년 독립선언 이후 줄곧 WASP(White Anglo-Saxon Protestant)라고 배운다. 앵글로색슨이며 개신교 기독교도인 백인들이 미국의 이스태블리시먼트이다.

그런데 20세기 초 브레진스키가 쓴 바와 같이, 또한 저자가 앞에서 '딥스테이트'의 원점에 대하여 서술한 바와 같이 이 구조가 크게 바뀌었다.

미국은 이미 WASP가 지도적 지위에 있는 나라는 아니다. 유대 사회가 미국의 엘리트이며 이스태블리시먼

트이다. 브레진스키는 스스로가 유대인이라는 입장에서 이 사실을 당당하게 공표했다.

미국의 금융은 100년 전부터 유대계에 장악되었다. 연방대법원의 상황에 대해서는 앞에서 언급했다. 주류 미디어 대부분은 사실상 유대계 사람들이 차지하고 있다. FBI도 유대계의 영향 아래에 있다. 뉴욕의 변호사는 압도적으로 유대계라는 것도 유명한 이야기이다.

오해하지 말아야 할 점은 저자는 이것이 '나쁘다'고 말하는 것은 아니다. 좋다 나쁘다가 아니다. 움직이지 못하는 사실로서 유대 사회인 '딥스테이트'가 미국 사회에 정착하고 있다는 것을 우리들은 알 필요가 있다.

알고 있으면 정보 조작이나 세뇌 공작에 당하지 않는 면역력을 키운다. 이를 정신무장이라고 부른다.

미디어는 정보 조작이나 세뇌 공작을 구체적으로 담당해왔다. 딥스테이트가 미국의 미디어를 장악한 역사는 매우 흥미로운데, 이 책에서는 미디어의 본질을 정확히 해설한 에드워드 버네이스의 말을 소개하겠다. 우리에게는 낯선 이 인물은 저서 『프로파간다』(일본 번역서 『프로파간다(プロパガンダ)』, 나카타 야스히코 역, 세이

　　　　　알아서는 안 되는 현대사의 정체

코쇼보 해설, 2010)[11]에서 "세상의 일반 대중이 어떠한 습관을 가지며, 어떠한 의견을 가져야 하는가 하는 사항을 상대에게 의식하지 않고 지성적으로 통제하는 것은 민주주의를 전제로 하는 사회에서 매우 중요하다. 이 구조를 대중에게 보이지 않는 형태로 통제할 수 있는 사람들이 현재 미국에서 '눈에 보이지 않는 통치기구'를 형성하고 미국의 진정한 지배자로 군림하고 있다"라고 미디어의 숨겨진 목적을 논파하고 있다.

에드워드 버네이스가 말하는 "눈에 보이지 않는 통치기구"는 딥스테이트 그 자체이다. 미국의 진정한 지배자는 대통령이 아니다. 이 사실을 이해하는 것만으로도 왜 미디어가 트럼프 대통령을 중상비방하고 있는지, 트럼프 대통령이 반트럼프 진영의 미디어 보도를 "페이크 뉴스"라고 반론을 계속하고 있는지 그 이유를 알 수 있으리라 생각한다.

---

11 한국어판 『프로파간다』, 강미경 역, 공존, 2009.

역사의 관점, 정보 분석의 기본

다음 장에서 확실히 '딥스테이트'의 원점인 20세기 초부터의 현대사를 알아보는데, 서장의 마지막에 저자가 기본으로 삼고 있는 역사의 관점, 정보 분석 방법에 대해 말해두겠다.

기본은 다음의 세 가지이다.

1. 정보는 공개 정보만으로 분석한다.

2. 비공식 정보는 위험하기 때문에 접근하지 않는다.

3. 결과로부터 원인을 유추한다.

【정보는 공개 정보만으로 분석한다】

여기서 말하는 공개 정보에는 기존 미디어의 보도도 들어 있다. 물론 그대로 받아들이지는 않는다. 행간을 읽는다. 기존 미디어는 세뇌를 하고 있을 위험이 있다기보다는 당당하게 세뇌 공작을 하고 있기 때문이다.

예를 들면 2017년 1월 산케이신문 칼럼 '정론'에 "'세계화'가 모든 악의 근원인가, 오히려 기계와 기술이 일자리를 빼앗고 있는 요인에 대한 냉정한 분석이 필요하다"라는 제목이 있었다. 도쿄대학 명예교수인 경제학자가 쓴 칼럼이다.

여기에는 '세계화는 모든 악의 근원은 아니다'라는 내용을 상식화하고 싶은 의도가 있다. 이것이 세뇌이다. 미디어의 보도 혹은 미디어가 제공하는 정보란 그렇다는 점을 먼저 근거로 해둘 필요가 있다.

【비공식 정보는 위험하기 때문에 접근하지 않는다】

저자는 이면 정보라고 불리는 정보 및 정보통이라고 불리는 사람이 제공하는 정보는 신용하지 않는다. 디스인포메이션(Disinformation, 허위 정보)이라고 하는데, 자의적이고 잘못된 정보일 가능성이 높기 때문이다.

특히 중국이나 북한 문제에 대해서 정권 중심에 가까운 사람의 정보라든가 공산당 간부 관계자의 정보라는 등이 첫머리에 나오는 이야기는 미심쩍다. 상식적으로 중국이나 북한의 정권 중심인물이 그냥 정보를 줄 리가 없다. 받은 정보를 그대로 흘릴지, 그 사람 자신이 입수한 정보를 스스로 확인해서 소개하고 있는지 아닌지는 다른 문제다. 여기에 민감하지 않으면 모르는 사이에 뒤에 있는 존재가 조작한 정보에 넘어갈 위험이 있다.

베를린장벽이 붕괴되기 10여 년 전, 1979년부터 2년

반 동안 저자는 외교관으로 소련 시절의 모스크바에서 근무했었다. 그때 소련의 공작원이 여러 차례 접촉을 해 온 적이 있다. 살고 있던 아파트에 매우 젊다고 생각되는 여성이 유창한 영어로 전화를 걸어왔었다. 저자의 전임자와 아는 사이였기 때문에 우호를 돈독히 하고 싶다, 지금 근처 바에 있는데 만날 수 없을까 하는 내용이었다. 당시 소련은 일반인의 외국인 접촉이 금지였기 때문에 당국의 관계자가 분명했다. 이렇게 어설픈 방법으로 접촉해왔다는 사실에 어이가 없었다. 동시에 이런 유치한 함정에 걸려들 인간으로 보였다는 점에 크게 분개했다. 일주일 정도 끈질기게 전화가 왔었는데, 상대하지 않았더니 포기했는지 더이상의 접촉은 없었다. 그러나 이렇게 수준 낮은 공작에도 걸리는 사람은 걸린다.

인간은 자신의 힘만으로 모든 정보를 얻을 수는 없다. 정보는 대부분 다른 사람을 통해서 얻는다. 그 자체가 나쁘다고는 할 수 없다. 정보의 가치는 얻은 정보를 자기 나름대로 다듬는 과정을 거쳤는지 아닌지에 따라 달라진다. 얻은 정보를 그대로 전달한다면 설령 아무리 저명한 지식인의 말이라도 우리들은 모르는 사이에 뒤에 숨은 존재에게 세뇌당하게 된다.

     알아서는 안 되는 현대사의 정체

【결과로부터 원인을 유추한다】

모든 일에는 당연히 원인이 있고 결과가 있다. 결과를 보고 원인을 유추하는 방법을 역사에서 배운다는 것이다. 훈련하면 누구나 할 수 있다.

그러나 학교에서는 그런 훈련은 하지 않고 역사학자가 제시한 하나의 관점에서 일방적인 의견에 따른 역사만 배운다. 훈련이란 결과 즉 지금 실제로 일어나고 있는 일을 보고 도대체 누가 이득을 봤고 누가 손해를 봤는지를 상상하는 일이다. 그러면 이 결과는 누가 야기했는지 틀림없이 유추할 수 있게 된다.

정통파 역사학자라는 사람들이 진짜 역사를 모르느냐 하면 물론 그렇지는 않다고 생각한다. 그들은 이해관계자이기 때문에 자유로운 발상을 방해받고 있는 경우가 많다. 역사학회 등 각종 학회의 이해관계자이며, 대학을 비롯한 교육계의 이해관계자이며, 그들이 출연하는 미디어의 이해관계자라는 데 문제가 있다.

벗어나기 힘든 틀이 있다. 많은 학자나 저널리스트, 평론가, 지식인들과 실제로 교제하는 동안에 차츰차츰 알게 되었다. 이해관계라는 벽을 깨뜨리기는 매우 어렵다.

미디어는 세뇌 장치라든가 지식인이라는 사람들이 왜 사실을 말하지 않는가 등 여러 가지 이야기가 있는데, 그 배경에는 이해관계 즉 이권 문제가 있다. 그 중심이 전후 민주주의 체제라는 거대한 이권 구조이다. 여기에 푹 빠져 있는 사람은 좀처럼 벽을 깨뜨리지 못한다.

이권 구조를 깨뜨린 입장에서 생각하지 않는 한 잘못된 역사수정주의를 포함한 '거짓된 역사관(페이크 히스토리)'을 알아볼 수는 없다.

앞부분을 기본으로 다음 장에서 '딥스테이트'의 원점인 시대 세계 현대사를 풀어나가도록 하겠다.

제1장
사회주의자가
계획한
미일전쟁
1917~1941년

학교 교육에서 배우는 역사 개설
1917~1941년

1914년에 발발한 제1차 세계대전은 유럽뿐만 아니라 이슬람 세계, 아프리카, 아시아에도 그 전화가 확산되었다. 역사상 첫 총력전으로 평상시와는 다른 전시체제를 갖추고 거국적으로 임하는 전쟁이었다. 참전한 각 나라의 정치 및 사회 구조를 크게 변화시켰고, 1917년 러시아혁명이 일어났다.

러시아혁명은 로마노프 왕조를 붕괴시킨 2월 혁명과 레닌, 트로츠키 등이 주도해 사회주의 정권을 수립한 10월 혁명으로 이루어진다. 역사상 첫 사회주의국가를 수립한 혁명으로 전 세계에 매우 큰 영향을 미쳤다.

미합중국은 이즈음에 세계 정치의 무대에 본격적으로 등장한다. 미국이 제1차 세계대전에 참전한 시기는 러시아혁명과 같은 해, 전쟁이 종반을 향해 가던 1917년이다. 전쟁의 혼란이 선명한 유럽은 근대정치, 문명, 문화가 파탄에 이르러 인도와 중국을 선두로 한 비유럽 여러 지역에서 자립화의 흐름을 가속화시켰다.

1918년 11월 11일 혁명으로 공화국이 된 독일 정부가 연합국과 휴전협정을 체결하며 제1차 세계대전은 종결된다. 베르사유조약을 비롯한 일련의 강화조약을 거쳐서 1920년 미국의 윌슨 대통령이 제안한 국제연맹이 출범한다. 국제연맹을 중심으로 한 유럽의 국제 질서를 베르사유체제, 1921년 워싱턴회의에서 결정된 미국 주도의 열강이 협력 체제를 취하는 동아시아·태평양의 국제 질서를 워싱턴체제라고 부른다.

이 두 개의 체제가 국제 질서를 형성해가는 한편, 다민족으로 구성된 오스트리아와 오스만제국이 해체되고 세계는 국민국가가 주류가 된다. 각국에서 민주주의의 실현과 경제 회복에 대한 여러 대응이 실시되는 가운데, 1929년 10월 세계공황이 발생한다. 세계 제일의 채권국이 된 미국의 경제적 파탄이 자본주의 각국에 파급되어 일어난 대공황이었다.

세계공황을 계기로 각국은 자국의 이익만을 우선시하게 되고, 국제연맹을 위시한 국제 협력의 움직임은 급속히 쇠퇴해간다. 이 상황을 이용하여 파시즘적인 강권체제에서 침략으로 상황을 타개하려는 목표로 이탈리아, 일본, 독일이 다시 세계대전을 일으켰다.

1939년 9월 독일이 폴란드를 침공하며 제2차 세계대전이 시작된다. 다음 해 9월 베를린에서 독일, 이탈리아, 일본이 삼국동맹을 맺고, 1941년 12월 태평양전쟁이 시작되었다. 제2차 세계대전은 미국과 소련이 주도한 연합국 측의 승리로 끝난다.

1917년 러시아혁명

통설▶ 노동자·병사가 자치 기구 소비에트를 구성하고 혁명을 추진했다.
역사의 진상▶ 망명한 유대인들이 주도한 유대인 해방을 위한 혁명이었다.

발발 당시부터 상식이었던 러시아혁명=유대 혁명

러시아혁명은 교과서에 나오는 대로 당시의 황제 니콜라이 2세의 압제 정치에 시달리던 러시아인들이 봉기하여 제정러시아를 전복시킨 혁명이 아니다. 국외로 망명했던 유대인들이 영국의 런던이나 미국 뉴욕의 유대계 국제 금융 세력의 지원을 얻어 러시아의 소수민족 유대인을 해방하기 위해 일으킨 혁명이다.

당시 영국이나 유럽 여러 나라에서는 거의 상식적인 인식이었다. 프랑스 출신의 영국 역사가 힐레어 벨록은 1922년 발간한 저서 『유대인(The Jews)』(일본 번역서 『유대인은 왜 마찰이 생기는가(ユダヤ人 なぜ、摩擦が生まれるのか)』, 와타나베 쇼이치 감수, 나카야마 오사무 역, 쇼덴샤)에서 이미 러시아혁명은 유대인 혁명(Jewish Revolution)이라고 지적하고 있다. 이 책을 감수하고

2017년에 세상을 떠난 와타나베 쇼이치는 저서인『명저로 읽는 세계사(名著で読む世界史)』(후소샤)에서도 또한, 저자와의 대담집『일본의 적 글로벌리즘의 정체(日本の敵 グローバリズムの正体)』(아스카신샤)에서도 러시아혁명의 진실에 대해서 반복해서 언급하고 있다.

유럽과 미국의 유대인 금융 자본가들은 러시아혁명을 추진한 레닌이나 트로츠키를 자금적으로 지원했다. 서장에서 언급한 러일전쟁 때 자금 조달에 애쓴 다카하시 고레키요를 도와준 제이콥 시프도 역시 러시아혁명에 자금을 제공한 유대인 중 한 사람이다.

금융 자본가들의 러시아혁명에 대한 투자는 성공했다. 레닌이 이끈 볼셰비키(다수파라는 의미)가 무장 투쟁으로 권력을 탈취한다. 볼셰비키 혁명정부는 지도부의 80퍼센트가 유대인으로 이루어져 있었다. 레닌도 혈통의 4분의 1은 유대인이다.[12] 혁명은 이루어졌고 로마노프 왕조는 타도되었다. 러시아혁명 정부는 로마노프 왕조가 보유하고 있던 막대한 자산을 대부분 유럽과 미국

---

12 외할아버지가 우크라이나 유대인 출신이다.

의 투자가들에게 이익으로 환원했다.

투자가의 손에 들어간 것은 로마노프 왕조의 재산만
이 아니었다. 레닌과 마찬가지로 유대계인 트로츠키는
미국에 사는 유대인들을 데리고 미국 정부의 여권을 사
용해 러시아에 입국해서 혁명에 매진한다. 트로츠키는
먼저 공산주의의 사유재산 금지 사상을 바탕으로 러시
아 민중이 보유하고 있던 금을 몰수하는 일을 시행했다.
골드인 금이다.[13] 몰수한 금은 혁명가들이 투자가에게
부채를 갚는 데 쓰였다.

그리고 러시아혁명을 분수령으로 그 역사를 크게 바
꾼 나라가 미국이다.

러시아혁명을 예찬한 윌슨 미국 대통령

당시 미국 대통령 윌슨은 러시아혁명을 예찬했다.
1917년 4월 미국은 독일에 선전포고를 하고 제1차 세계
대전에 참전했는데, 그때 윌슨 대통령은 다음과 같은 내
용의 연설을 했다.

---

13 일본어에서는 돈을 나타내는 한자와 금을 나타내는 한자가 같아서 반복해서
　　설명하고 있는 것 같다.

　　　　　　　　알아서는 안 되는 현대사의 정체

지난 몇 주 동안 러시아에서 일어난 대단하고 또 기운을 북돋아 주는 사건을 통해 미래의 세계 평화에 대한 우리들의 소원이 이루어졌다. 신의를 존중하는 동맹에 어울리는 상대이다.

자유자본주의 국가인 미국이 당초 케렌스키 혁명정권은 자본주의를 부정하는 체제임에도 불구하고 칭찬하고 이후 레닌의 지도 아래에서 성립된 국민의 자유를 억압하는 공산주의 체제를 왜 지지한 것일까. 정치평론가 유스터스 멀린스의 저서 『민간이 소유한 중앙은행—주권을 빼앗긴 국가 미국의 비극(民間が所有する中央銀行—主権を奪われた国家アメリカの悲劇)』(하야시 고헤이 역, 슈에이샤)[14]에 따르면 미국은 레닌 정권에 1억 달러의 자금 원조까지 하고 있다.

정보가 충분하지 않았기 때문에 미국은 소련의 실정을 계속 오해했다고 자주 이야기되는데, 그것은 앞뒤가 맞지 않는 어설픈 분석이다. 문제는 누가 미국에 정보를

---

14 한국어판 『누가 99%를 터는가』, 이수영 역, 천지인, 2012.

보냈냐는 점이다.

킹메이커와 윌슨의 다리 역할

당시 윌슨 대통령에게 주는 여러 정보를 정리한 사람은 측근인 에드워드 맨덜 하우스 대령이었다. 윌슨 대통령이 "나의 분신이다"라고까지 말하며 화이트하우스의 방 하나에 집무실을 내주었을 정도의 인물이다.

하우스 대령은 수수께끼가 많은 인물이다. 영국에서 온 이주자인 부친은 텍사스주에서 목화 재배 사업을 하고, 그 후 런던의 로스차일드 가문의 대리인으로 금융업에 종사했다. 하우스 대령과 유대계 금융 거물 로스차일드가의 관계는 부친 대 이후의 일이다.

대령이라고 불리고는 있지만 군 경력은 없다. 화이트하우스에 들어가기 전에는 텍사스 주지사의 조언자, 선거사무소장 등으로 활약했다. 그때의 정치적 공헌 때문에 '대령'의 칭호를 얻었다고 생각된다. 하우스 대령은 스스로가 공식적으로 나서는 게 아니라 표면의 인물을 뒤에서 조종하는 일, 킹메이커와 킹이 된 정치 권력자 사이에 다리를 놓는 일에 뛰어난 인물이었다.

하우스 대령은 서장에서 언급한 윌슨의 킹메이커인

월가의 금융 자본가와 윌슨 사이에서 충실한 다리 역할을 했다. 윌슨 대통령은 하우스 대령을 통해 전달되는 킹메이커의 의향에 따라서 구체적인 정책을 수행해 나갔다.

하우스 대령에게는 하나 더 중요한 부분이 있었다. '사회주의자'였다는 점이다.

사회주의자였던 하우스 대령

하우스 대령은 1912년 『통치자 필립 드루(Philip Dru: Administrator)』라는 정치 소설을 썼다. 「내일의 이야기, 1920~1935(A Story of Tomorrow, 1920~1935)」라는 부제가 붙은 이 소설에는 미래의 미국 정부가 취해야 할 정책으로 '누진소득세', '실업보험', '사회보장', '탄력적인 통화제도의 도입' 등이 예언되어 있었다. 유스터스 멀린스에 따르면 이 소설에 쓰인 정책은 하우스 대령에게는 '칼 마르크스가 그린 사회주의의 실현을 목표로 한 것'이었다.

『통치자 필립 드루』에 쓰인 내용이 윌슨 정권이나 이후의 루스벨트 정권이 취한 사회주의적인 정책의 모델이 되었다. '탄력적인 통화제도의 도입' 정책은 앞에서 서술한 FRB(연방준비은행), 즉 '미국 중앙은행'으로 결실을 맺었다. 하우스 대령은 소설 속에서 다음과 같은 지적도 하고 있다.

자본주의사회는 비효율적이며, 기회 불평등의 결과 부유한 소수파와 가난한 다수파 사이에 큰 격차가 존재한다.
걸출한 독재자가 출현하고 급진적인 사회주의국가가 건설된다.

하우스 대령은 미국의 금융 세력을 대표하는 국제 금융 자본가인 시프 가문, 와버그 가문, 록펠러 가문, 모건 가문의 신임을 받고 있었다. 오해하는 사람들이 많은데, 대자본가인 국제 금융 자본가는 모두 '사회주의자'이다.

국제 금융 자본가가 모두 '사회주의자'인 이유

'세계주의자'(글로벌리스트, globalist)라는 점이 사회주의자의 가장 큰 특징이다. 세계주의(글로벌리즘, globalism)란 스스로의 '보편적 가치'를 국가 위에 두는 이데올로기이다. 국가를 경시 혹은 무시하는 경향이 강하고 국가의식은 전혀 없다. 대자본가는 스스로가 경영하는 국경을 넘는 금융 비즈니스에 대한 국가의 개입을 극단적으로 싫어한다. 국제 금융의 논리적 필연성으로 그렇게 된다.

대자본가는 국경에 좌우되지 않는 곳에서 비즈니스를 전개한다. 특히 국제 금융 자본가의 비즈니스 대상은 '세계 전체'이다. 미국이라는 국가·국민의 이익을 비즈니스의 판단 요소로 삼는 의미는 거기에는 없다. 오히려 국익이라는 발상 자체를 기피할 만하다.

국제 금융 자본가를 비롯해 유대계 부호들이 러시아혁명을 지원한 이유는 아마도 러시아혁명이 유대인 혁명이었기 때문이다. 더욱이 그 혁명 사상인 공산주의가 세계주의이며, 결국은 사회주의였기 때문이다. 공산주의와 사회주의라는 용어는 학문적으로는 의미가 다르지만, 둘 다 그 본질은 세계주의라는 점에서 같은 의미로 사용할 수 있다.

러시아혁명을 분수령으로 미국의 정책은 세계주의자들이 장악하게 되었다. 당시의 대통령 윌슨은 사회주의자의 추종자들에게 지배되는 꼭두각시 정권이었다. 이 점을 역사가나 정치가는 중시해야 한다.

　이 관점은 오늘날의 국제 정세를 이해하는 데 있어서
도 중요하다. 소련의 붕괴나 중국의 변모에서 일반적으
로 '이 세상에서 사회주의는 소멸되었다'라고 생각하기
쉽다. 그렇지는 않다. 현재도 활약 중인 신보수주의로
번역되는 네오컨서버티즘(Neoconservatism), 줄여서
네오콘은 사회주의 세력이다. 사회주의도 자유주의도
네오콘도 그 뿌리는 같은 세계주의에 있다.

　　　　　　　　　알아서는 안 되는 현대사의 정체

1918년 시베리아 출병

통설▶ 미·영·프가 철군한 후에도 일본은 시베리아 동부에 세력을 미치려고 남았다.

역사의 진상▶ 일본은 일본인 학살 사건을 해결하기 위해 철군을 늦춰야 했다.

해외 파병에 신중했던 일본

정통파 역사에서는 러시아혁명 이후 내란 시기에 시베리아에 남겨진 체코군을 구출하기 위한 목적으로 일본은 미국·영국·프랑스와 함께 출병했다고 되어 있다. 원래의 발단은 그렇지 않다. 블라디보스토크에 보관되어 있던 대량의 군수품이 독일의 손에 넘어가는 것을 막고 싶었던 영국의 의도가 있었다. 영국은 1902년에 체결한 영일동맹으로 동맹 관계에 있던 일본에 연합국을 대표해서 시베리아에 파병하도록 요청했다.

영국의 제안에 프랑스가 찬성하고 미국에 대해서도 같은 요청을 했다. 이에 대하여 윌슨 대통령은 러시아혁명에 대한 모든 간섭에 반대했다. 특히 일본이 단독으로 출병하는 것에 단호히 반대하였다. 미국은 러시아혁명 정부를 지키려고 했다. 근대사 연구가 나카무라 아키라

는 『대동아전쟁으로 가는 길(大東亞戰爭への道)』(텐덴 샤)에서 일본은 다음과 같이 영국에 답변했다고 한다.

일본은 언제나 연합국 공동 목적을 위해 공헌을 할 용의가 있지만, 그것은 모든 연합국의 전폭적인 지지에 의존한다. 고로 일본은 미국과 다른 연합국 간의 양해가 성립될 때까지 어떠한 행동을 취하는 것도 보류한다.

국제 공헌 의사를 명확히 하고 각국 협조를 호소하는 위엄에 찬 당당한 외교문서이다. 일본은 파병에 상당히 신중한 태도를 보이는 나라였다. 제1차 세계대전 발발 이후 동맹국인 영국의 참전 요구에 응하여 독일에 선전포고했지만, 행동 범위는 중국 국내의 독일 조차지(칭다오)와 독일령 남양제도(미크로네시아)에 한정되었다. 일본의 국시는 일본 영토 방위로, 유럽 파병은 계속 거절했다. 최종적으로 1917년 2월에 순양함을 지중해에 파

   알아서는 안 되는 현대사의 정체

견하는데, 독일이 무제한 잠수함 작전[15]을 개시해 일본 여객선이 격침되는 등의 사건이 늘었기 때문이다.

"제1차 세계대전으로 서양 열강이 동아시아에서 후퇴하며 일본에는 새로운 대외 진출의 기회가 되었다", "일본은 혼란을 틈타 참전해 세력을 확대했다" 등으로 학교 교과서, 다시 말하면 정통파 역사학자는 쓰고 있다. 일본을 폄하하는 서술을 하고 거리낌 없는 태도에는 인격에 대하여 의문을 갖지 않을 수 없지만, 그 이전에 문제는 역사 조작이라는 점이다.

역사의 역설을 이해할 수 없었던 일본

앞에서 이야기했듯이 연합국과 일본, 미국과의 거래 후에 시베리아에 고립된 체코군을 구출하기 위해 출병할 필요가 있었다. 윌슨 대통령은 미국군 파견을 승인하고 미국과 일본을 포함한 연합군이 공동으로 출병했다.

도대체 왜 체코군 구출 문제가 발생했는지 그 배경을 이해해야 한다. 러시아군과 싸우고 있던 추축국 오스트

---

15 독일이 영국의 해상봉쇄 작전에 맞서 잠수함을 이용하여 연합국과 중립국 선박에 무제한적인 공격을 펼쳤던 작전이다.

리아-헝가리제국의 체코군 부대는 오스트리아로부터 독립하려는 목적으로 러시아 측으로 돌아서서 연합국 일원으로 독일 등 추축국과 싸우기 시작했다. 그때 러시아혁명이 일어나 러시아혁명 정부는 독일과 강화조약을 맺고 전선에서 이탈했다. 독일과의 전투에 참여하기 위해 5만 명의 체코군 부대는 시베리아 철도를 거쳐 블라디보스토크를 목표로 이동을 시작했는데, 도중에 러시아 혁명군과의 충돌이 발생해 체코군 구출을 목적으로 연합국이 공동 출병하게 되었다.

그런데 현장에서 미국과 일본의 사고방식 차이가 드러난다. 일본은 러시아 공산주의를 위험 사상으로 인식하고 공산주의 정권의 세력 확대는 막아야 한다고 생각했다.

한편 미국은 러시아 공산주의 정권을 제정러시아를 무너뜨린 민주주의 정권으로 간주하고 있었다. 당시 윌슨 대통령 측근에는 러시아혁명에 자금을 지원한 금융자본가가 있었다는 점을 잊지 말아야 한다. 미국군은 체코군 구출이라는 명목 아래 러시아혁명군을 지키기 위해 출병했다.

미국은 1920년 1월 갑자기 군대를 철수한다. 나카무

　　　　　　　　　　　　알아서는 안 되는 현대사의 정체

라 아키라는 앞에서 언급한 저서에서 "러시아 극동 지역이 공산화되는 것은 일본에게는 만주·조선에 대한 중대한 위협을 의미하지만, 태평양을 사이에 둔 미국에게는 강 건너 불구경이었다"고 했다. 윌슨 정권의 정체를 생각하면 강 건너 불은 고사하고 스스로 지원해 만들어 낸 러시아혁명 정부를 존속시켜야 한다는 절실한 상황에 있었다고 할 수 있다.

나카무라 아키라의 같은 책에 따르면 "극동에서 확산하는 볼셰비즘은 문명에 대한 무서운 위협"이라고 간주하는 로버트 랜싱 미국 국무장관처럼 러시아혁명 정부에 회의적인 세력도 각료급으로 미국 국내에는 있었다. 그러나 윌슨 대통령을 조종하고 있던 세력은 러시아혁명 지원자였다. 윌슨 대통령 정권 아래의 미국은 사실상 소련 우호국이었다.

이러한 역사의 역설이라고도 할 수 있는 상태를 당시 일본은 충분히 이해하지 못했다. 이 몰이해가 결국 만주나 중국 대륙을 둘러싼 미국과의 마찰을 해결하지 못하는 상황으로 이어진다.

니콜라옙스크 일본인 학살 사건의 비참함

사할린 북쪽 강 건너편에 당시 인구 1만2천 명인 니콜라옙스크라는 마을이 있었다. 이 마을에 시베리아 출병 때 일본인 거류민과 군인 700명 정도가 있었다. 체코군 구출 문제가 일단락되고 니콜라옙스크에서 연합군이 철군했을 때의 일이다. 러시아인, 조선인(한국인), 중국인으로 구성된 약 4천 명의 공산 빨치산, 즉 비정규군이 들어와 마을을 점령했다.

공산 빨치산은 혁명 재판과 처형을 강행했다. 일본 수비대를 습격해 대다수를 살해하고 거류민을 투옥하는 등 일본군 지원군이 도착하기 전에 일본인 모두를 지극히 잔인무도한 방법으로 학살했다. 공산주의에 회의적인 현지 시민들도 학살하여 니콜라옙스크는 인구가 절반으로 줄었다.

무고한 거류민에 대한 무차별 살육은 국제법 위반이기 때문에 이 학살 사건이 해결되는 동안 일본은 북사할린을 보장점령하고 질서가 회복되기를 기다려야 했다. 일본은 이런 이유로 시베리아에서 당초 예정보다 많이 늦게 철군하게 되었다. 외국에서 거류민 보호는 국가의 의무이다. 예상되는 비슷한 일본인 학살 사건을 방지하

알아서는 안 되는 현대사의 정체

기 위해 당연히 철군을 늦출 수밖에 없었다. 니콜라옙스크 일본인 학살 사건은 이후 중국 대륙에서 일어나는 1928년 지난사건(濟南事件)[16]이나 1937년 퉁저우사건(通州事件)[17] 등 일본인 학살 사건의 효시가 되었다. 당시 일본인들에게 공산주의에 대한 강렬한 반감을 불러일으킨 사건이기도 했다.

---

16 1928년 5월 3일 중국 산둥성 지난에서 일본군과 중국 국민혁명군이 무력으로 충돌한 사건. 국민당 북벌군이 지난을 점령했을 때 자국인 보호를 구실로 출동한 일본군과 충돌해 많은 살상자가 발생했다고 한다.

17 1937년 7월 29일 중국 허베이성 퉁저우에서 일본의 괴뢰정권인 지둥(冀東) 정부의 퉁저우보안대가 반란을 일으켜 일본군을 공격하고 현지 거주 일본인과 조선인(한국인) 약 200명 이상을 학살한 사건이다.

1920년 국제연맹 성립

통설▶ 윌슨 미국 대통령은 이상주의 아래 국제연맹 설립을 주도했다.

역사의 진상▶ 국가에 간섭할 수 있는 권력을 가진 기구의 출현이 국제연맹이었다.

집단적 안전보장 체제로 이행

1919년 1월부터 파리 근교 베르사유에서 제1차 세계대전 전후 처리를 논의하는 강화회의가 개최되었다. 일본은 영국, 미국, 프랑스, 이탈리아와 나란히 5대국 중 한 나라로 참가한다.

'국제연맹'은 이 강화회의에서 발족을 약속하고 다음 해인 1920년에 설립되었다. 세계 역사상 첫 국제기구라고도 할 수 있다. 윌슨 미국 대통령이 1918년 1월에 발표한 '14개조 평화 원칙'[18]의 제14조 "국제평화기구 설립"이 계기가 되어 강화회의에서 중요한 의제의 하나로 발족했다. 하지만 먼저 말을 꺼낸 미국은 상원의 반대로 조약을 비준하지 못해 국제연맹에는 참가하지 않았다.

국제연맹의 공식적인 의의는 '종래 양자 동맹에 기초한 안전보장 체제가 집단안전보장 체제로 이행된' 것이다. '종래 양자 동맹'이란 세력균형(balance of power)이라고 불리는 사고방식으로 오랜 시간 형성된 유럽의 정치적 지혜이자 '현실주의적'인 태도이다.

이에 대하여 '집단안전보장'은 전원이 전원의 안전을 보장한다는 '이상주의적'인 태도이다. 회원국이 침략을 당한 경우 국제연맹 가맹국 전원이 지킨다는 안전보장 이론에 근거한다. 현재 국제연합이 채택하고 있는 체제와 같다.

그러나 국제연맹의 획기적인 의의는 실은 다른 부분에 있다. "각 가맹국이 국가 분쟁 해결 당사자로 주권 일부를 국제연맹에 이관한다"는 점이다. 국제연맹은 국가에 간섭할 수 있는 권력을 가진 기구였다. 이러한 국제 질서 또한 역사상 처음으로 탄생했다.

국가 주권에 간섭할 수 있는 권력을 가진 기구를 만

---

18 1) 강화조약의 공개와 비밀외교의 폐지 2) 공해에서의 항해 자유 3) 경제적 장애의 폐지 및 무역조건의 평등 4) 군비축소 5) 공정한 식민지 문제의 조치 6) 러시아에서 외국군의 철수와 러시아의 정치에 대한 불간섭 7) 벨기에의 주권 회복 8) 점령되었던 프랑스 영토 회복 9) 이탈리아 국경의 민족문제 스스로 결정 10) 오스트리아-헝가리제국 내의 여러 민족의 국제적 지위 보장 11) 루마니아, 세르비아 등 발칸반도 국가들의 독립 보장 12) 오스만제국 지배하의 여러 민족의 자치 보장 13) 폴란드 재건 14) 국제평화기구 설립

든다는 발상이야말로 국가가 없는 유대인의 사상적 표현이었다. 윌슨 대통령이 국제연맹 발족을 열심히 추진한 이유는 여기에 있다.

주권국가 위에 있는 국제기구

국제연맹은 윌슨 대통령 자신의 사상, 윌슨 대통령이 혼자서 생각한 아이디어가 아니다. 앞 항목에서도 언급했던 측근 하우스 대령을 비롯한 유대인 세력의 구상이다. 하우스 대령 외에 윌슨 주변에는 버나드 바루크, 폴 와버그 같은 월가의 유대인 금융 자본가가 있었다.

버나드 바루크는 윌슨의 킹메이커이며, 선거운동에 고액 헌금을 한 인물이다. 제1차 세계대전 중에는 전시산업위원회(War Industries Board, WIB) 책임자를 맡고, 베르사유 강화회의에는 윌슨 대통령 경제 고문으로 참가했다. 프랭클린 루스벨트와 부인 엘리너 루스벨트의 친구였다. 영국의 처칠 수상과도 친구 관계로, 제2차 세계대전을 준비할 때에는 긴밀하게 연락을 유지하고 있었다고 알려져 있다. 한편 폴 와버그는 FRB 창설 실무를 맡은 인물이며, 초대 FRB 의장에 취임한다.

누구도 반대하지 못할 '평화'라는 대의명분에 세계는

     알아서는 안 되는 현대사의 정체

세뇌당했다. 주권국가는 다른 '국가'가 주권을 침해하는 상황에는 강하게 저항하지만, '국제기구'라고 하면 일반적으로 저항감이 적다. 현재 일본인들이 국제연합(UN)을 추종하는 정신이 위험한 이유와도 통한다.

국제연맹은 '가맹국은 평등하다'라는 원칙에 의거하여 소국이 대국 분쟁에 대등한 입장에서 개입할 수 있는 틀을 제공하였다. 분쟁 해결에 대처하는 능력이 없음에도 불구하고 말로만 하는 개입을 허용해 국제 문제를 복잡하게 만들었다.

국제연맹의 본질은 이상적으로 국경을 철폐하려는 시도였다. 세계 평화라는 명분에 반대하는 사람은 어디에도 없다. 그러한 대의명분을 내세움으로써 국가의식이나 민족의식을 버리게 만들고, 정신적인 세계주의자를 양산하겠다는 꿍꿍이가 국제연맹에는 숨겨져 있었다. 주권국가 위에 국제기구를 두고 세계주의를 통해 평화를 제어하는 국제연맹은 일종의 '세계 법정'이라고 할 수 있다.

국제분쟁 해결에 방해가 된 민족자결

국제연맹 발족을 포함해 윌슨이 제시한 '14개조 평화

원칙'에서 제5조 '공정한 식민지 문제의 조치'에는 추축국 영토에 대한 민족자결이 제언되어 있다. 윌슨이 강조해서 주장한 민족자결은 전승국인 서구 연합국의 식민지에는 적용되지 않았고, 소련 구성국으로 강제 편입된 중앙아시아의 이슬람교 국가들에도 적용되지 않았다.

민족자결에 따라 탄생한 여러 나라는 국제연맹 가맹국이 되었는데, 이 나라들 중에서 자기 나라와 관계가 없는 문제에 끼어드는 나라가 나타나게 되었다. 국제연맹이 중소(中小)국가에게 대국과 동등한 발언권을 준 것은 국제분쟁을 해결하는 데 방해가 되어갔다.

특히 만주나 중일전쟁 문제에 대해서 일본 및 중국에 이해관계가 없는 소국이 말로 개입하면서 심각한 사태를 낳았다. 정당한 이유도 없이 분쟁 당사국 중 약자 편을 드는 것은 분쟁을 오래 끄는 결과만 낳는다. 실제로 중국은 아군이 늘어나자 기분 좋게 타협을 늦췄다. 국제연맹이 연맹 정신이라는 이름으로 중소국가 의견에 끌려 중국을 지지하는 쪽으로 돌아선 상황이 중국과 일본 사이에서 문제 해결을 불가능하게 만들어버렸다.

민족자결이란 보편적인 가치관을 실현하는 사상이 아니라 특정 정치 목적을 위해 탄생한 사상이다. 민족자

결을 소련에 적용하면 민족해방이라는 말이 되는데, 이
는 소련과 코민테른(Comintern)이 세계 동시 혁명을 주
창한 '폭력혁명 사상'이다.

월슨 대통령의 민족자결 원칙과 코민테른의 민족해
방전쟁이 같은 시기에 출현한 것은 우연이 아니라 연동
되어 있다. 국제연맹도 민족자결 원칙에 따라 국가 형태
를 갖추지 못한 소국까지도 합법적으로 독립시켜서 세
계정세를 불안정하게 만들었다.

1921~1922년 워싱턴회의

통설▶ 미·영의 지지로 중국의 주권 존중과 영토 보전이 약속되었다.
역사의 진상▶ 워싱턴회의가 태평양전쟁 개시의 불씨가 되었다.

미국의 고립을 막기 위한 군축 협정

월슨 대통령 이름으로 처음 제안된 국제연맹이었지만, 미국은 상원 반대로 참가하지 못했다. 이것이 1921년 미국이 워싱턴회의를 소집하게 된 가장 큰 이유이다. 당시 대통령은 공화당의 워런 하딩[19]이었다.

하딩 대통령의 목적은 '만주, 중국에서 일본의 행동을 봉쇄하는 것'이었다. 제1차 세계대전을 거치며 일본은 베르사유 강화회의에 5대국 중 한 나라로 참가할 정도로 국제적 지위가 향상되었다. 국제연맹에서는 상임이사국을 맡고 있었다.

일본과 영국은 동맹 관계에 있었다. 미국은 국제적 고립을 우려하여 대규모 해군 확장을 획책한다. 영국과

---

19 제29대 대통령(1921~1923)으로 심장마비로 재임 중 사망했다.

일본 두 나라도 그에 대항하여 군비 확장을 시작한다. 그래서 미국은 군축 협정을 맺기 위해서라도 워싱턴회의를 개최할 필요가 있었다.

워싱턴회의는 다른 이름으로 '워싱턴 해군군축회의'라고 불린다. 군축이 중요한 의제였고, 그 결과 주력함 보유 비율이 미국: 5, 영국: 5, 일본: 3, 프랑스: 1.75, 이탈리아: 1.75로 제한되었다. 여기서 한 가지 중요한 점은 미국이 통치하는 하와이, 영국이 통치하는 싱가포르는 제한에서 제외되었다는 점이다. 이 점은 나중에 태평양전쟁에서 커다란 의미를 가진다.

광범한 지역에 걸쳐 식민지를 지키는 해군력이 미국과 동등하게 억제되었다는 사실은 대영제국에게 큰 타격이었다. 한편, 일본에 비해 60퍼센트 군축을 한 미국의 승리라고 할 수 있었지만, 일본은 세력 범위가 서태평양에 한정되어 있었기 때문에 실제로는 결코 굴욕적인 결과는 아니었다.

워싱턴회의에서 일본이 사활을 건 문제는 실은 군축이 아니라 '영일동맹 종료'와 '9개국 조약 체결'이었다.

미국이 원한 영일동맹의 종료

워싱턴회의에서는 미·영·프·일 사이에 '4개국 조약'
이 체결되었다. 열강이 이권을 다투는 태평양 방면에서
국제 질서를 공유하기 위한 조약이었다. '분쟁의 평화적
해결'과 '태평양에서 가맹국 기존 권리를 존중하는 것'
을 명문화하고 있을 뿐 이를 담보하는 구체적인 대책을
언급하고 있지 않다는 점에서 이 조약은 아무런 의미도
구속력도 없는 종잇조각에 지나지 않았다. 문제는 제
4조에 기록된 '영일동맹의 종료'이다. 이것이 미국의 목
적이었다.

미국은 만주 진출을 노리고 러일전쟁 이후 러시아에
서 일본으로 할양된 남만주 철도의 중립화를 제안했다.
러시아와 일본은 물론 영국도 이 제안을 지지하지 않은
이유는 영일동맹이 있었기 때문이다. 영일동맹은 일본
에게는 5대국 중 한 나라라는 국제적 지위를 담보하는
것이기도 했다. 영국과 일본은 서로 동맹이 존속되기를
희망하고 있었지만, 결국 미국의 압력으로 '4개국 조약'
을 통해 동맹에 종지부를 찍게 되었다.

 알아서는 안 되는 현대사의 정체

9개국 조약이 태평양전쟁의 직접적인 근원

미국이 워싱턴회의에서 얻은 최대 성과는 '9개국 조약'이었다. 미국에게 최대의 성과는 일본에게 최대의 패배였다.

미국·영국·프랑스·이탈리아·일본 5대국에 중국, 벨기에, 네덜란드, 포르투갈이 더해져 9개국이다. 9개국 조약은 '중국에 관한' 9개국 조약이며, 중국의 '주권', '독립', '영토 보전 존중', '문호 개방', '기회균등주의'를 존중하고 지킬 것을 주장하고 있다. 그중에서도 특히 다음 두 개 조항에 주의해야 한다.

우호국 국민의 권리를 해치는 특권을 얻기 위해 중국 정세를 이용하거나 우호국 안녕을 해치는 행동을 하지 않는 것. (제1조 제4항)
중국에서 문호 개방 또는 기회균등주의를 유효하도록 만들기 위해 중국 이외 조약국은 중국에서 경제적인 우월권을 설정하지 않고, 다른 나라 권리를 빼앗는 것과 같은 독점권을 인정하지 않는다. (제3조)

이는 설령 일본이 기존 권익을 지키기 위해 행한 방

위적 행위에도 9개국 조약 위반으로 국제적인 비난을 받는 빌미를 주게 되었다. 예를 들면 당시 허버트 후버 미국 대통령은 일본에 대해 변함없는 이해를 보여주었지만, 정권의 국무장관 헨리 스팀슨은 이후 '스팀슨 독트린'이라고 불리는 매우 반일적인 태도를 취했다.

스팀슨은 1931년 만주사변 때에는 '9개국 조약 및 부전조약(不戰条約) 위반이다'라고 해서 만주에서 일본의 행동에 대한 '불승인주의'를 분명히 하고, 사변의 해결을 공연히 늦추었다. 앞에서 언급한 패트릭 뷰캐넌의 『불필요한 두 개의 대전(不必要だった二つの大戦)』에 따르면 스팀슨은 "평화를 위해 전쟁을 불사하는 평화주의자"이며, "항구적인 평화를 위한 영구 전쟁의 신봉자"였다. 마치 공산주의자들이 사용하는 교묘한 표현 같다.

9개국 조약에는 또 하나 커다란 문제가 있었다. 도대체 왜 이 조약이 필요했던 것일까. 대국 여럿이서 도와주는 듯한 중국이라는 나라가 이때 과연 국가라고 부를 수 있는 존재였는가 하는 문제이다.

신뢰할 만한 정부가 존재하지 않았던 중국

1911년 신해혁명 이후 중국은 내란 상태에 있었다.

     알아서는 안 되는 현대사의 정체

돤치루이[20]의 북양정부, 나중에 장제스[21]가 난징정부로 계승하는 쑨원[22]의 광둥정부, 공산주의자들의 우한정부라는 적어도 세 개 정부가 있었다.

9개국 조약처럼 다수의 여러 나라가 중국에 대해서 약속을 체결하는 자체가 국제사회가 중국에는 신뢰할 만한 통일 정부가 존재하지 않고, 따라서 중국은 온전한 독립국이 아니라고 보고 있었다는 증거이다. 9개국 조약은 중국의 주권이나 독립을 옹호하는 조약은 결코 아니고, 그 무정부 상태를 이용해서 열강의 여러 나라가 다른 나라를 배제하지 않도록 서로를 견제하는 결정이었다. 워싱턴회의 이후 일본의 중국 대책이 진흙탕으로 변해가는 것은 중국에 통일 정부가 존재하지 않고 내전 상태에 있었기 때문이다.

또한 9개국 조약에는 소련이 들어 있지 않았던 점에도 주목해야 한다. 9개국 조약에 참가하지 않은 이상,

---

20 段祺瑞(1865~1936). 중화민국의 군벌 정치가. 중화민국 국무총리와 임시집정을 역임.

21 蔣介石(1887~1975). 국민당 혁명군의 총사령관, 초대 중화민국 총통.

22 孫文(1866~1925). 중화민국의 초대 임시 대총통으로 신해혁명을 이끈 혁명가. 그는 민족주의, 민권주의, 민생주의의 삼민주의를 내세웠다.

소련은 중국, 만주, 외몽골에서 자유롭게 행동할 수 있었다. 1921년에 시작된 소련의 외몽골 침공이나 괴뢰정권 수립에 대해서 미국은 비판도 항의도 전혀 하지 않았다. 만주나 중국 본토에서 일본의 행동에 대해서는 엄격한 태도를 취하고 있었음에도 불구하고 말이다.

미국은 실정을 바르게 이해한 후에, 소련의 침략 행동을 시인했다. 스스로가 창시자인 소련 공산주의 정권을 수호하고, 또한 미국의 세계 전략 중 한 부분을 소련에게 맡기고 있었다. 그 후의 제2차 세계대전은 정통파 역사관이 말하는 '민주주의 국가' 대 '전체주의 국가' 싸움이 아닌 '세계 적화 세력' 대 '반공산주의 세력' 싸움이다. '세계주의' 대 '민족주의' 싸움이었다고 말할 수도 있다.

1930년 뉴딜 정책

통설▶ 국민 불안을 덜고 파시즘에 대항해 민주주의를 수호하는
정책이었다.
역사의 진상▶ 미국 경제의 사회주의화를 목적으로 하는 정책이
었다.

전 세계를 위해 이용되어야 할 미국의 부

1929년 뉴욕 주식시장이 대폭락하며 세계공황이 일
어난다. 과열된 주식시장을 경계한 투자가들의 심리 때
문에 자연발생적으로 폭락이 일어난 것은 아니다. 이전
에 FRB 창설로 미국의 금융을 장악한 국제 은행가들이
의도적으로 주식을 폭락시켰다. 이로 인해 다수의 미국
기업이 도산하자 이들 국제 은행가들이 헐값으로 사들
였다. 그들은 후버 대통령의 경제 구제책에 협력하지 않
았다. 따라서 후버는 1932년 대통령 선서에서 프랭클린
루스벨트에게 패배한다. 루스벨트는 뉴딜 정책으로 미
국 경제의 재건을 도모한다. 후버에게 냉정했던 국제 은
행가들은 루스벨트에게는 앞장서서 협력한다. 그도 그
럴 것이다. 루스벨트는 그들이 대통령으로 만들었기 때
문이다.

　루스벨트 대통령의 측근은 윌슨 정권과 같이 사회주의자로 구성되어 있었다. 루스벨트는 킹메이커인 사회주의자들에게 매우 마음에 드는 '세계주의자'였다. 러시아혁명의 열렬한 지지자로, 옥시덴탈석유의 경영자인 유대인 아먼드 해머는 자서전 『박사 해머(ドクター・ハマー)』(히로세 다카시 역, 다이아몬드샤)[23]에서 루스벨트를 다음과 같이 평가하고 있다.

　그는 미국의 정치체제를 열렬히 옹호하지만, 동시에 미국의 부가 국민뿐만 아니라 전 세계를 위해서 이용되어야 한다고 생각했다. 그리고 미국이 전 인류의 진보를 위해 없어서는 안 되는 존재이며, 또한 그렇게 되는 것이 가능하다고 믿어 의심치 않았다. 이것이야말로 그 웅변과 기지와 매력, 그리고 배려를 갖고 그가 제창한 뉴딜의 의의이며 추진력이었다.

　"뉴딜이란 미국이 전 인류의 진보를 위해 공헌하는

23　한국어판 『아먼드 해머: 나는 어떻게 미·소 수뇌들을 움직였는가?』, 전정봉 역, 청림출판사, 1988.

　알아서는 안 되는 현대사의 정체

수단이다"라는 평가는 결국 '뉴딜은 미국인의 부를 사용해서 사회주의적 정책을 세계에 널리 퍼지게 하는 구상이다'라는 것이다. 그렇기 때문에 사회주의자인 유대계 미국인이 뉴딜 정책의 추진을 맡았다.

위헌으로 추궁되는 뉴딜 정책

뉴딜 정책은 그 사회주의적 경향이 미국 헌법에 위반한다는 이유로 연방대법원까지 다툰 적이 있다. 예를 들면 물가조절을 목적으로 생산량을 조정하는 '전국산업부흥법(National Industrial Recovery Act, NIRA)'은 국가가 기업 활동을 규제하려는 것이며, 헌법에 명시된 경제의 자유에 위배되는 상황이다.

이 재판에서, 연방대법원장으로 뉴딜 정책을 계속 지지했던 인물이 앞에서 이야기한 루이스 브랜다이스 대법관이었다. 뉴딜 정책 입안자는 대부분 유내세 정치가이거나 변호사로, 브랜다이스 대법관과 조카인 펠릭스 프랑크푸르터 하버드대학 교수가 뉴딜 정책을 위한 인재를 모집하고 있었다.

프랑크푸르터는 루스벨트의 추천으로 1939년 브랜다이스와 벤자민 카도조의 뒤를 이어 세 번째 유대인 대법관에 임명된 인물이다. 루스벨트가 뉴욕 주지사 시절부터 고문을 맡아 뉴딜 정책 입법에 대해서 루스벨트에게 여러 조언을 해주었다. 프랑크푸르터가 조언하고 성립시킨 뉴딜 정책 입법을 브랜다이스 대법관이 합헌으로 판단한다는 형식이다. 프랑크푸르터는 앞에서 언급된 스팀슨의 친구이며, 스팀슨이 아끼는 인물이기도 했다.

뉴딜 정책은 미국 경제의 사회주의화를 목적으로 했다. 당시 세계 최강의 자본주의국가를 사회주의화한다는 장대한 의도를 가진 실험이었다. 그 실험을 바탕으로 뉴딜 정책을 세계로 확대하려고 했던 것이 제2차 세계대전이었다고 말할 수도 있다.

미국의 사회주의 세력은 제2차 세계대전에서 '소련을 옹호'하고 '중국 공산화'를 계획했다. 그 핵심 중 하나가 뉴딜 정책의 중심인물인 브랜다이스와 프랑크푸르터였다.

1937년 중일전쟁 개시

통설▶ 일본은 난징 점령 때 다수 중국인을 살해해 국제 여론의 비난을 받았다.

역사의 진상▶ 미국은 일본이 중국과의 전쟁을 피하려는 것을 저지하였다.

'일본' 대 '소련을 포함한 서양 여러 나라'의 전쟁

세계주의자로 구성된 세계 사회주의화 세력에게 중국과 만주는 적당한 대상이었다. 구체적인 전술은 두 가지였다. 소련 및 코민테른에 의한 공산주의 확대 침투, 그리고 영미 금융 자본가에 의한 중국 경제 탈취이다. 이 두 가지는 서로 통하고 있다.

공산주의가 제1의 기치로 내거는 것은 국가조직의 폐지이다. 그리고 금융 자본가에 의한 세계경제 전략에는 비즈니스 활동에 대한 국가의 간섭을 배제한다는 측면이 있다. 이 두 가지에 상통하는 국가조직 배제 혹은 폐지라는 목적은 대외 전쟁과 혁명, 즉 국가 내부의 질서 붕괴를 통해 실현할 수 있다.

먼저 유럽과 미국의 무기 상인이 중국을 근대적으로 무장시킨다. 서양 각 정부는 이를 승인하고, 때로는 상인들에게 사업자금으로 차관까지 제공하여 근대 중국의 무장화를 추진하였다. 그 목적은 결국 중국이 일본과 전쟁을 하게 만드는 것이다. 중일전쟁은 일본과 중국의 전쟁이 아니다. '일본' 대 '소련을 포함한 서양 여러 나라'의 전쟁이었다.

소련 외교관 레프 카라한은 대중국 우호 선언인 '카라한선언'[24]을 발표해 중국 지도부를 안심시키고 그 뒤에서 만주에 공산주의 정권 수립을 위한 공작을 시작한다. 소련은 만주를 통치하고 있던 군벌 장쭤린의 부하인 궈쑹링이라는 군인을 매수하여 반란을 일으키게 하는데, 장쭤린을 지원한 일본 관동군에게 진압되었다. 장쭤린은 만주의 치안 안정화를 위해 일본이 가장 의지하고 있던 인물이었다. 관동군이 장쭤린을 지원한 사실은 1928년 6월에 일어난 장쭤린 폭살 사건[25]의 주범을 찾는 '관동군 장교 주모설'에 물음표가 찍히는 이유 중 하나이기도 하다.

---

24 제정러시아 시대 중국과 맺은 불평등 조약을 폐지하고 중국에서 확보했던
    모든 권익을 포기한다는 내용.
25 황고둔 사건(皇姑屯事件): 1928년 6월 4일 선양 부근 황고둔에서 장쭤린이
    탄 열차가 폭파되어 폭살당한 사건.

  알아서는 안 되는 현대사의 정체

카라한이 중국 공작원에게 자금을 지원하는 한편, 영국계 유대인 모리스 코헨이 쑨원에게 자금 및 무기 지원을 하고 있었다. 코헨은 쑨원이 죽은 후, 장제스가 장군의 지위에 임명해 국민군 훈련을 맡긴 인물이다. 소련의 남진과 영미 자본의 북진은 장제스의 북벌, 즉 북양군벌 정부에 대한 침공과 연동되어 있었다.

중국의 경제 이권을 독점하고 있던 영국과 미국은 중국 북부 화베이(華北)가 일본의 영향에 들어가는 데 위기감을 느꼈다. 그래서 영미 금융 자본가 세력은 '중국 법폐 개혁'을 힘으로 밀어붙인다.

영미 금융 자본가들의 중국의 부 약탈

1935년 실시된 '중국 법폐 개혁'은 중국 민중이 보유한 은을 장제스 정부가 발행한 지폐와 교환한다는 정책이다. 영국 정부의 수석 경제 고문 프레더릭 리스 로스가 주도한다. 이 개혁은 항일 노선의 장제스 정부를 따르지 않으면 지폐가 종잇조각이 되어버린다는 의미에서 대일 정책이다. 실제로 프레더릭 리스 로스는 직접 화베이로 향하여 화베이 민중이 보유한 은을 장제스가 지배하는 지역으로 운송하려고 했다. 그러나 일본군이 기차

역에서 막아내 화베이에서 이 정책은 실패한다.

민중이 내놓은 은은 상하이 재벌인 사순 가문[26]이 영국 시장으로 반출하여 매각하고 은의 내외 가격차를 이용해 큰 이익을 얻었다. 장제스나 그 후원자 쑹쯔원 일족도 그 뒤를 이었다.

중국의 은을 둘러싼 돈벌이 이야기에는 미국의 유대인 사업가도 한몫 끼어 있다. 앞에서 이야기한 윌슨 대통령의 킹메이커였던 버나드 바루크가 루스벨트를 부추겨 연방정부의 은 매입 가격을 인상하는 법률을 제정해 은의 국제가격을 끌어올리는 데 성공했다. 은본위제를 채택하고 있던 중국은 이 영향을 받고, 그 대책의 하나를 '중국 법폐 개혁'이 담당하게 되었다.

미국 금융 자본가와 영국 금융 자본가는 협조하여 중국의 부를 약탈하려고 했다. 영미 자본의 대중국 협조는 당연히 일본에 대한 압박으로 구체화한다. 여기에 공산 세력이 얽혀 일본이 대중국 평화의 길도 공산 세력 박멸

---

26 사순 가문(Sassoon family)은 아시아의 거물 유대 상인으로, 동방의 로스차일드로 알려져 있다. 중국의 아편 무역을 장악했고, 영국, 인도, 중국을 잇는 삼각무역으로 큰돈을 벌었다.

   알아서는 안 되는 현대사의 정체

의 길도 잃는 발단이 된 것이 1936년 12월에 일어난 시안사건이다.

일본으로부터 대중국 평화의 가능성을 빼앗은 시안사건

장제스 지배 아래 있던 국민당 동북군 사령관 장쉐량이 대공산당 작전 협의라 칭하고 장제스를 시안으로 불러들여 감금했다. 장제스는 '공산당과 함께 일본과 전쟁할 것'을 약속받고 풀려난다. 이것이 시안사건이다.

미국에서 활약한 일본인 저널리스트 K. 칼 가와카미는 『중국 대륙의 진상(シナ大陸の真相)』(텐덴샤)에서 장쉐량은 공산주의자와 교류를 돈독히 하고 "진정한 적은 장제스가 아니라 일본이다"라고 말하고 다닌 인물이라고 했다. 장쉐량이 마오쩌둥의 공산군을 지도해 일으킨 사건임에는 틀림없지만, 마오쩌둥은 원칙적으로 소련 지령으로 움직이고 있었다. 시안사건 시나리오는 마오쩌둥과 소련 코민테른의 합작이었다고 말할 수 있다.

장제스 감금을 둘러싸고 시안에는 마오쩌둥 지배하에 저우언라이, 장제스 부인 쑹메이링 등이 한자리에 모였다. 그중에 사순 재벌과 영미 금융 자본가 세력의 괴뢰인 쑹쯔원이 있었다. 이미 짜고 치는 것이지만, 쑹쯔원이 장쉐량을 설득했다. 새삼스럽게 장제스에게 국공 합작을 약속하게 한 것도 쑹쯔원이다. 이 일로 장제스는 실질적인 수장의 지위를 잃고, 국민정부의 실권은 쑹쯔원과 그 배후에 있는 사순 재벌로 옮겨간다.

시안사건 결과 항일 통일전선이 성립된 것은 일본에게는 치명적인 타격이었다. 장제스가 실권을 상실한 사실은 중일 평화의 가능성이 사라졌음을 의미하고 국공합작은 공산 세력을 박멸하고 동아시아 적화를 막는 것을 사실상 불가능하게 만들었다.

일본이 중국에서 한 행동이 침략 행위가 아님은 시안사건으로 일목요연하다. 전쟁을 원했던 쪽은 국공합작이 성립한 중국이고, 배후에 있던 소련과 영국·미국이다. 이후 1937년 7월 루거우차오 사건[27]을 시작으로 '제2차 상하이사변'[28], '난징 공략'을 비롯한 중국과 일본 사이의 군사 충돌이 계속된다. 일본 정부가 사변 불확대

---

27 노구교 사건(蘆溝橋事件): 1937년 7월 7일 밤 베이징 남서쪽 루거우차오 부근에서 일어난 중국군과 일본군 사이에 벌어진 발포 사건이 전면전으로 확산된 것으로 중일전쟁의 발단이 되었다.

28 1937년 8월 13일부터 3개월 동안 중국과 일본은 상하이 부근에서 치열한 전투를 벌인다. 결국 전투에서 중국군이 패하며 상하이는 일본군이 점령하게 되었다.

　　　　　알아서는 안 되는 현대사의 정체

를 목표로 제안한 평화 방침 전체는 항일 통일전선 노선
으로 통합된 명목상의 수장 장제스에게 계속 거부당하
고 상황은 진흙탕으로 변해갔다.

1941년 미일전쟁 개시

통설 ▶ 중립을 지키고 있던 미국은 반파시즘을 명백하고 확실하게 했다.
역사의 진상▶ 미국에게는 독일 이전에 일본과 전쟁을 시작할 필요가 있었다.

진주만 공격은 미국의 획책

1941년 12월 8일(하와이 시간 7일) 진주만 공격에 대해서는 현재 다음 사항이 미국이 공개한 자료를 통해 밝혀졌다.

미국은 일본군과 외무성의 암호를 해독하고 있어 일본의 공격이 이루어지는 것을 사전에 알고 있었다.

미국의 피해를 상당한 규모로 만들기 위해 하와이의 태평양 함대 사령관 허즈번드 킴멜 제독과 월터 쇼트 육군 장군에게는 일본군의 공격 정보를 일부러 주지 않았다.

그 결과 허를 찔린 진주만의 미국 함대가 큰 피해를 입었다.

게다가 일본 정부의 선전포고문이 워싱턴의 일본 대

사관 실수로 공격 개시 후에 전달되었기 때문에 비열하게 속이고 불시에 공격한 것이 되어 미국의 여론을 하룻밤 사이에 경화시켜 미국 의회가 대일 선전포고를 했다.

이들 자료를 바탕으로 최근 출간된 저서들을 보면, 미국 역사학회 회장을 지낸 찰스 비어드 교수의 『루스벨트의 책임(ルーズベルトの責任)』(가이마이 준·아베 나오야·마루모 교코 역, 후지와라쇼텐)이나 저널리스트인 로버트 스티넷의 『진주만의 진실(真珠湾の真実)』(세노 사다오 역, 분게이이순주) 등에서는 "태평양전쟁은 일본이 일방적으로 미국을 침략한 것이 아니라 미국이 일본을 도발하고 일본으로 하여금 선제공격을 하게 하려고 획책했던 전쟁이다"라는 점을 밝히고 있다.

자국민을 희생시킨 루스벨트

현장의 군 수뇌부에게 고의로 정보를 주지 않고 자국민의 생명을 희생하면서까지 태평양전쟁을 모략했다는 설은 간단히 납득하기는 힘들다. 진주만에 배치된 태평양 함대가 그 나름대로 준비에 따라 반격했다 해도 참전을 지지하는 국민 여론에는 변함이 없었을 것이다. 또한 일본은 미국에 선전포고를 했기 때문에 자동적으로 전투 상태에 들어갔다. 미국 의회의 선전포고는 형식적인 것이다.

'일본과 전쟁하는 일 같은 건 생각하지 않았다고 나중에 돌변하는 증거로서 진주만을 무방비로 해두었다'는 것을 생각할 수 있다. 실제로 진주만 공격 며칠 전에 루스벨트는 쇼와 천황에게 미국과 일본의 평화를 바라고 있다는 뜻의 친서를 보내어 이 건에 대한 알리바이를 만들고 있다.

결국 루스벨트는 자신의 책임을 피하기 위해서 진주만을 무방비로 만들었다. 루스벨트는 자신이 지휘하고 있는 대일본 도발 행위가 꺼림칙하다고 알고 있었다. 그래서 스스로 지휘하고 있는 상황이 전쟁을 도발하리라고는 생각하지 않았다는 알리바이 공작으로 진주만의 미국 군인 2,000여 명의 생명을 희생했다.

앞에서 언급한 로버트 스티넷은 『진주만의 진실』에서 "루스벨트가 민주주의를 지킨다는 대의 아래 제2차 세계대전에 참전해 영국을 돕기 위해 일본을 도발한 것, 그리고 진주만의 군인을 희생한 일은 옳았다"라고 결론

짓고 있다. 저자는 여기에는 동의할 수 없다. 로버트 스티넷은 '옳았다'는 근거로 같은 책에서 독일이 대미 선전포고를 하게 만들기 위해 일본을 도발한 결과가 진주만이라고 하기 때문이다. 이는 '변칙 참전론'이라고 불리고 있다.

'변칙 참전론'이라는 억지

변칙 참전론이란 '일본이 선제공격을 하게 만들어 태평양전쟁에 돌입함으로써 독일·이탈리아·일본 삼국동맹의 약속 혹은 정신 아래에 독일의 참전을 목표로 한' 것을 가리킨다. 미국은 독일을 전쟁에 참전시키기 위한 목적으로 일본을 도발했다.

미국의 정통파 역사학자도 주장하고 있지만, 독·이·일 삼국동맹을 엄밀히 해석하면 일본이 미국을 공격했다고 해서 자동적으로 독일이 대미국전에 참전할 의무를 질 필요는 없다. 미국이 먼저 일본을 공격할 경우에 독일은 미국에 선전포고를 할 의무가 있지만, 진주만 공격 같은 경우는 조약상 독일이 미국에 선전포고를 할 의무는 없다.

미국이 정말로 변칙으로 독일의 참전을 노렸다면 미

국이 먼저 일본을 공격하면 좋았을 것이라는 이야기이다. 다만 이는 미국 여론이 강하게 반대하고 있어서 의회가 대일 전쟁을 승인하지 않았을 것이다. 변칙 등을 기대할 것도 없이 독일이 미국에 선전포고했으니 미국은 독일과의 전쟁을 시작할 수 있었다. 독일과 전쟁을 시작하고 싶었기 때문에 일본을 도발했다는 '변칙 참전론'에는 근거가 없다.

일본과 전쟁할 필요가 있었던 미국

일본의 대미 선전포고를 받고, 진주만 공격 며칠 후 독일은 미국에 대해서 선전포고를 했다. 즉 일본의 대미 선전포고가 중요하지 진주만 공격은 독일 참전의 동기로서 필요하지는 않았다.

시나리오는 독일과는 관계없다. 태평양전쟁을 시작하기 위해 미국은 루스벨트의 모략을 전제로 무슨 일이 있어도 일본이 진주만을 공격하게 해야 했다. 필리핀 공격[29]으로는 여론의 상황에서 미국 의회가 대일 선전포

---

29 1941년 12월 일본은 미국 하와이 진주만과 동시에 필리핀을 공격했다. 당시 미국의 식민지였던 필리핀 방어 책임자는 더글러스 맥아더였다.

  알아서는 안 되는 현대사의 정체

고를 결정하기는 곤란했다. 석유 확보를 위해 네덜란드령 인도네시아를 공격했다면 더더욱 미국이 일본에 선전포고하기는 불가능했다.

루스벨트는 독일과 전쟁을 개시하기 전에 꼭 태평양전쟁을 개시해야 했다. 왜냐하면 중국을 공산화하기 위해서 중국에 대한 일본의 영향력을 배제할 필요가 있었기 때문이다. 이전에 독일과 전쟁에 돌입하면 중국에 개입할 기회를 놓칠 위험이 있었다. '변칙 참전론'은 미국의 진의를 감추기 위한 자의적인 정보, 허위 정보라고 생각한다.

미국은 시안사건을 조종하고, 중일전쟁에서는 차관을 주거나 무기 원조 등을 하여 사실상 이미 장제스 쪽에 서서 일본과 싸우고 있었다. 장제스 지원을 확실하게 하고 정면에서 일본과 싸우기 위해 일본과 정식으로 전쟁 상태에 들어갈 필요가 있었다.

사실상 1940년 10월 7일 시점으로
대일 선전포고를 한 미국

미국이 일본을 도발했다는 실상을 알기 위해서 기억해야 할 문서가 있다. 1940년 10월 7일에 작성된 '맥컬럼 비망록'이다. 미 해군정보부 극동과장인 아서 맥컬럼 해군 소령이 작성했다. '맥컬럼 비망록'에는 일본을 대미 전쟁으로 이끌기 위한 다음의 8개 항목이 적혀 있다.

① 태평양의 영국군 기지, 특히 싱가포르의 영국 기지를 사용하기 위해 영국과 협정 체결.

② 네덜란드령 동인도에서 기지 시설 사용 및 보급 물자 획득을 위해 네덜란드와 협정 체결.

③ 중국의 장제스에게 가능한 모든 지원을 제공.

④ 원거리 항해 능력을 지닌 중순양함 1개 전대를 동양, 필리핀 또는 싱가포르에 파견할 것.

⑤ 잠수 전대 2개를 동양에 파견.

⑥ 현재, 태평양의 하와이제도에 있는 미 함대의 주력을 유지할 것.

⑦ 일본의 부당한 경제적 요구, 특히 석유에 대한 요구를 네덜란드가 거부하도록 주장할 것.

⑧ 대영제국이 일본에 압박한 통상 금지와 협력하여 유사하게 일본에 대한 전면적인 통상 금지 시행.

로버트 스티넷의 『진주만의 진실』에 따르면 맥컬럼

이 제안한 8개 항목은 루스벨트의 지시에 따라 다음 날부터 조직적으로 실시된다. 1940년 10월 7일 이후 미국은 이미 일본이 대미 관계 개선에 대해 어떠한 제안을 해도 들으려 하지 않는 상태에 있었다.

맥컬럼 비망록으로 사실상 미국은 일본에 선전포고했다고 볼 수 있다. 일본은 마지막까지 헛된 평화 노력을 강요당했다. 이 맥컬럼 비망록의 존재는 대미 전쟁은 일본의 자위전쟁이었다는 증명이다.

미국의 목적은 세계 공산화

정통파 역사관은 "미국은 파시즘에 대항하고 민주주의를 수호하기 위해서 제2차 세계대전에서 싸웠다"고 한다. 그렇다면 왜 전체주의의 분신인 공산주의 국가 소련과 1941년에 무기대여법[30]으로 실질적인 동맹 관계를 맺었을까.

루스벨트는 공산주의를 오해하고 있었다, 스탈린에게 속고 있었다 등 자주 언급되는 설에는 근본적인 결함

---

30 제2차 세계대전 동안 영국, 소련, 중국 등 연합국에 막대한 양의 전쟁 물자를 제공하는 절차를 간소화하기 위해 만든 미국의 법규.

이 있다. 결함이란 미국의 세계 전략을 루스벨트 대통령이 스스로 결정하고 있었다는 확신이다. 아니다. 태평양 전쟁은 루스벨트 대통령이 계획하지 않았다. 대통령 배후에 있는 세력이 대일 전쟁을 결정했다.

배후에 있는 세력이란, 세계주의자로 구성된 유대인 세력이다. 미국 정치는 전통적으로 '먼로주의'[31]라고 불리는 독립주의자와 세계주의자의 역학 관계로 정해졌다. 윌슨 대통령은 배후에 있던 인물들이 모두 맨덜 하우스 대령, 폴 와버그, 버나드 바루크와 같은 세계주의자였기 때문에 세계주의 정책을 취했다. 윌슨 대통령은 확실히 이상주의자였는데, 그 점을 세계주의자들이 이용했다고 생각할 수 있다.

루스벨트 대통령을 둘러싼 학식 있는 경험자 브레인트러스트(전문 고문단)들도 세계주의자로만 구성되어 있었다. 루스벨트의 두뇌라고도 일컬어지는 레이몬드 몰리 컬럼비아대학 교수, 마르크스주의 경제학자인 렉

---

31 1823년 제임스 먼로 대통령이 유럽 국가들을 상대로 선언한 미국의 외교 방침. 상호 불간섭의 원칙으로, 유럽은 더이상 미국 대륙에 식민정책을 수행하지 말라는 선언이다.

   알아서는 안 되는 현대사의 정체

스포드 터그웰 컬럼비아대학 교수, 사회주의자 스튜어트 체이스, 농무장관 고문 모데카이 이즈키엘[32] 등이 유명하다. 이들 인재를 루스벨트 주변에 심어놓은 인물이 하버드대학 교수인 펠릭스 프랑크푸르터였다. 프랑크푸르터는 1939년 미국 연방대법원 대법관에 임명되었다.

월슨과 루스벨트 배후에는 하우스 대령, 바루크 등 기본적으로 동일 인물이 있고, 세계주의라는 같은 사상을 가진 세력이 있었다. 그들은 일관되게 세계를 사회주의화=공산화하는 계획을 계속 추구했다.

---

32 미국의 농업경제학자.

제2장
국제 금융
세력을 위한
냉전
1941~1989년

학교 교육에서 배우는 역사 개설
1941~1989년

1941년 12월 8일 일본군은 하와이 진주만의 미 해군 기지를 공격, 미국·영국에 선전포고를 하고 태평양전쟁에 돌입했다. 일본이 내건 슬로건 대동아공영권(大東亞共榮圈)은 중국과 동남아시아에 대한 지배를 정당화하기 위한 것으로 각지에서 반일 저항운동이 일어났다. 1942년 미드웨이해전에서 대패한 일본은 전쟁의 주도권을 잃는다. 1945년 2월 미·영·소 삼국 정상은 전후 독일의 처리 문제와 국제연합 창설 준비, 비밀 사항인 소련의 대일전 참전 등을 포함한 얄타협정을 체결한다. 7월 일본에 항복을 요구하는 포츠담선언이 발표되고 8월 6일 히로시마, 9일 나가사키에 원자폭탄이 투하되었다. 8월 14일 일본은 항복하고 미국이 사실상 단독으로 점령한다. 민주적 개혁이 실시되고, 극동국제군사재판에서 전쟁범죄가 다루어졌다. 1946년 주권재민·기본적 인권 존중·상징천황제·전쟁 포기를 강조하는 일본국 헌법이 공포되었다.

제2차 세계대전에 대한 반성에서 전후 세계의 평화와 번영을 실현하기 위한 목적으로 국제연합을 비롯한 다양한 국제기구가 수립되었다. 그러나 머지않아 미소 양국 간에 '냉전'으로 불리는 긴장 상태가 발생하고 세계는 동서 양 진영으로 분열된다. 동쪽의 사회주의 진영은 소련에 더해 동유럽과 중국·쿠바·베트남 등으로도 확대되며 진영 내부에서 중소대립, 공산당 일당 체제라는 문제점도 표면화된다. 식민지 상태에 놓였던 아시아와 아프리카의 여러 민족은 독립을 달성했지만, 민족 분단이나 국지적인 전쟁에 직면하는 등의 문제도 안게 되었다.

전후 세계는 미국을 중심으로 한 자유무역체제가 수립되었다. 선진국에서는 급속한 경제성장이 진행되고 '풍요로운 사회'가 실현되었지만, 환경 파괴나 자원 고갈 등의 위기가 발생하게 된다. 한편, 아시아·아프리카 여러 나라들은 독립 후에도 심각한 빈곤 문제를 안고 있어 이들과 선진국 사이에 '남북문제'[33]가 생겼다. 1970년대 이후 개발도상국 중에서 공업화에 성공한 나라들이 등장하면서 '남남문제'[34]가 발생하게 된다. 중국은 문화대혁명이 종말을 고하며 경제 건설을 중시하는 방침으로 전환을 결정하고 개혁·개방 노선을 추진해간다.

미국에서 무역수지가 적자로 전환, 전후의 브레턴우즈 국제경제 체제[35]는 전환기를 맞이한다. 1973년 선진 공업국의 통화는 변동환율제로 이행하고 세계경제는 미국·서유럽·일본의 삼극체제로 향하기 시작했다. 1980년대는 자동차와 컴퓨터 등의 분야에서 무역마찰이 격화되었다.

소련은 1985년에 전환기를 맞이한다. 미하일 고르바초프가 서기장에 취임, 언론의 자유화와 국내 개혁(페레스트로이카)을 실시하여 외교적으로 긴장 완화를 추진

---

33 북반구에 위치한 선진공업국과 적도 부근에서 남반구에 걸쳐 있는 개발도상국 사이의 발전 및 경제적 격차에서 생기는 여러 문제.

34 개발도상국 사이의 경제적 격차 및 그에 수반되는 문제.

35 1944년 미국 브레턴우즈에서 열린 44개국이 참가한 회의에서 탄생한 국제 통화 체제. 미국 달러화를 기축통화로 하고 금본위제를 채택한다.

했다. 동유럽 여러 나라에서 민주화가 진행되고,
1989년 11월에는 동서독의 베를린장벽이 붕괴, 단숨에
소련 붕괴로 다가가게 된다.

1941년 독소전쟁 개시

통설▶ 독일이 독소불가침조약을 파기하고 기습 공격했다.
역사의 진상▶ 히틀러는 전쟁을 부추기는 세력에 이용당했다.

앞뒤가 안 맞는 히틀러의 작전

일본이 진주만을 공격하기 반년 전인 1941년 6월 시작된 독소전쟁은 제2차 세계대전에서 중요한 전환점이 되는 사건이었다. 나치 독일은 1939년에 독소불가침조약을 맺는다. 히틀러는 폴란드 침공을 염두에 두고 있었기 때문에 영국·프랑스와 전쟁 상태에 들어가는 것을 전제로 하면 지리적으로 뒤편에 있는 소련을 적으로 돌리고 싶지 않았다.

그러나 정세로 보아 소련과 독일이 전쟁을 하는 것은 시간문제로 보였다. 1941년 6월 나치 독일은 '바르바로사 작전'이라는 이름 아래 소련에 기습을 가한다. 영국과 프랑스는 소련을 지지했다. 당시 독일에도 일본에도 선전포고를 하지 않고 중립적인 입장에 있던 미국은 소련에 무기대여법을 적용하여 사실상 소련과 동맹 관계가 된다. 교과서에 나오는 정통파 역사관은 이러한 이유로 제2차 세계대전을 분명하게 '파시즘 대 반파시즘'의 전쟁이었다고 하고 있다.

독소전쟁의 시작을 알린 바르바로사 작전은 소련이 보기에 서부 방면(민스크)[36], 북서 방면(레닌그라드)[37], 남서 방면(우크라이나) 세 군데로 나누어서 전개되었다. 이에 대해서 윌리엄 바 편집·스즈키 치카라 역 『키신저 '최고기밀' 대화록(キッシンジャー[最高機密]会話録)』(마이니치신문사, 1999)에 흥미로운 이야기가 실려 있다.

1971년부터 다음 해에 걸쳐 당시 미국 대통령 보좌관이었던 헨리 키신저는 자주 중국을 방문한다. 1972년 닉슨 대통령이 중국을 방문하기 위한 준비였다. 당시 중국 국가주석인 마오쩌둥이 키신저에게 "왜 히틀러는 소련을 공격할 때 세 곳으로 나누어서 공격했는가"라고 질문했다. 레닌그라드를 함락시키고 곧장 모스크바로 향하면 히틀러는 쉽게 이길 수 있었다. 그런데 히틀러는 그렇게 하지 않았다.

마오쩌둥은 또한 덩케르크(프랑스) 전투에도 의문을 가지고 있었다. 영국과 프랑스에 대승을 거둔 전투였다.

---

36 벨라루스의 수도.

37 현재 상트페테르부르크.

     알아서는 안 되는 현대사의 정체

히틀러는 직후에 파리를 점령했지만, 영국 상륙은 감행하지 않았다. 나치 독일의 작전에는 매우 앞뒤가 안 맞는 부분이 있었다.

마오쩌둥의 질문에 키신저는 "히틀러는 미치광이였기 때문이다", "예술적인 전략을 펼치려고 했기 때문이다"라고 얼버무렸다. 그렇다면 독일 국민들은 왜 그렇게 허술한 히틀러를 따랐는가 하는 질문에 대해서는 "히틀러에게는 강렬한 개성이 있었다", "독일인은 로맨틱하다"라고 대답한다. 최종적으로 "제1차 세계대전에서 당한 치욕을 씻겠다는 부분에서 큰 지지를 끌어냈다"는 마오쩌둥의 분석에 키신저도 인정했다.

마오쩌둥과 키신저가 주고받은 말 사이에 제2차 세계대전에 대한 수수께끼를 풀 힌트가 숨겨져 있다.

적대 세력을 동시에 지원하는 국제 금융 세력

오해를 두려워하지 않고 말하겠다. 히틀러가 구사한 작전이 앞뒤가 맞지 않았던 이유는, 영국과 미국의 자본가들 및 그들과 뜻이 통했던 독일 재벌들이 자금을 지원해 히틀러가 정권을 잡게 만들었기 때문이다.

예를 들면, 1989~1993년 임기인 미국 대통령 조지

허버트 워커 부시의 아버지 프레스콧 부시[38]는 전쟁 중에도 히틀러에게 자금을 지원하고 있었다. 미국의 유대인 은행가 폴 와버그, 제이콥 시프도 자금을 지원하고 있었다. 독일에는 와버그의 친형 맥스 와버그와 오펜하이머 남작 등 유대인 재벌이 있었다. 독일 화학산업·철강업의 영웅 IG 파벤의 헤르만 슈미츠 회장은 록펠러 가문의 스탠더드오일과 영국 로스차일드 가문의 ICI(영국 최대의 화학물질 제조업체)의 원조를 받으면서 히틀러를 지원하고 있었다.

적대 세력도 동시에 지원한다는 것이 유대인 금융 세력의 상투적인 수단이었다. 적은 어디까지나 적이고 아군은 어디까지나 아군이라는 경직된 생각으로는 역사의 깊은 곳을 보지 못한다.

히틀러가 자동차 전용 고속도로 아우토반을 건설했다는 사실은 잘 알려져 있다. 제2차 세계대전이 시작되기 전에 3860킬로미터를 완성시켰다. 독일은 제1차 세계대전에서 패배하며 천문학적인 숫자의 배상금을 떠안

---

38 프레스콧 부시(1895~1972). 미국의 은행가이자 공화당 정치인.

     알아서는 안 되는 현대사의 정체

은 나라였다. 그런 독일이 어떻게 히틀러 아래에서 이와 같은 경제 발전을 이룰 수 있었을까.

교과서에는 나오지 않지만 그 이유는 간단하다. 히틀러는 하이퍼인플레이션으로 피폐해진 독일의 경제를 살리기 위해 바터무역(물물교환)을 실시했다. 국제은행가들이 발행하는 통화를 사용하지 않는 무역이다. 양쪽 국가에 필요한 물자를 교환하는 방식으로 쌍방이 채무를 지지 않고 할 수 있는 무역이다. 또한 국제은행가들이 소유한 독일 중앙은행을 국유화한다.

이는 독일은 국제은행가들에게 빚을 지지 않겠다는 것을 의미한다. 히틀러는 정부의 강력한 지도력으로 독일인들의 생활을 보장하는 프로젝트에 자금을 제공하고, 단기간에 독일을 유럽에서 가장 부유한 나라로 발전시켰다. 그래서 히틀러는 독일 국민의 지지를 끌어냈다.

그리고 그런 이유 때문에 히틀러는 그의 탄생에 힘을 빌려주었을 국제 금융 세력에게 눈엣가시가 되었다.

국제 금융 세력의 역린을 건드린 히틀러

히틀러가 추진한 바터무역과 중앙은행 국유화는, 히틀러의 독일 정부는 국제은행가들에게 빚을 지지 않는다, 부채를 지지 않는다는 것을 의미한다. 이러한 히틀러의 독자적인 경제 시스템은 국제 금융 세력이 악착같이 만들어온 '부채에 의해 기능하는 금융제도'에 대한 도전을 의미했다.

독일은 전 세계에서 '국가사회주의 독재국가', '파시즘 국가' 같은 부정적인 꼬리표가 붙었고, 히틀러는 세계 제패를 노리는 극악인으로 꾸며져 제2차 세계대전에서 파멸로 이끌려 가게 되었다.

덧붙여서 말하면 히틀러 극악인설을 결정지은 유대인 홀로코스트는 제2차 세계대전 발발 당시에는 아직 시작되지 않았다. 그러니까 연합국은 홀로코스트 때문에 독일에 선전포고를 했던 것은 아니었다. 그러한 부분을 기억해둘 필요가 있다.

같은 사례는 남북전쟁 시대(1861~1865) 미국에서 이미 보인다. 당시 대통령 에이브러햄 링컨은 남북전쟁에서 정부 화폐를 발행해 전쟁 비용을 조달했다. 정부가 이대로 계속 통화 발행권을 장악하면 정부는 부채를 지지 않고 국가를 운영해 나가게 된다. 결과적으로 히틀러의 의도와 같다. 링컨은 국제 금융 자본가들이 쌓아올린 금융시스템을 붕괴시키려는 정치가였다. 1865년 링컨은 암살된다.

정통파 역사관에서 히틀러는 극악무도한 인간으로 기록되어 있다. 그러나 히틀러가 어떻게 정권을 장악하게 되었는가, 히틀러의 유대인 정책은 무엇이었는가에 대해서는 더욱 냉정한 연구가 이루어져야 한다. 그렇지 않으면 제2차 세계대전은 도대체 누가, 무슨 목적으로 일으켰는지가 밝혀지지 않기 때문이다.

1945년 얄타회담

통설▶ 처칠, 루스벨트, 스탈린이 전후 처리를 논의했다.
역사의 진상▶ 이들 세 정상이 아니라 런던의 은행가들이 전후 처리의 큰 틀을 결정했다.

스탈린 단독 승리의 의미

1945년 2월 크림반도 얄타에서 열린 얄타회담이 특히 잘 알려져 있는데, 1944년부터 다음 해에 걸쳐 영국의 처칠 수상, 미국의 루스벨트 대통령, 소련의 최고지도자 스탈린 3국 정상이 빈번하게 교섭을 벌인다. 제2차 세계대전에서 연합국의 승리가 거의 확실시되자 대부분 그 전후 처리에 대한 결정을 하기 위해서였다.

전후 처리에 대한 결정이란 곧 국경 변경이 필요한 경우 어떻게 국경을 다시 그을지, 어느 지역·어떤 자산을 연합국 중 어느 나라가 차지할지, 연합국의 어떤 정치 세력이 어느 지역을 통치할지 등 세력 범위를 결정하는 일이다.

정통파 역사관에서 얄타회담은 스탈린의 단독 승리라고 알려져 있다. 사실 제2차 세계대전 종결 후 발트 3국인 리투아니아, 라트비아, 에스토니아는 소련에 편

입되었고 폴란드를 비롯한 동유럽 여러 나라들도 차례
차례 공산화되어 소련의 위성국가가 되었다. 아시아에
서도 중국, 북한이 공산화되었다.

이후 포츠담회담을 포함하여 스탈린의 단독 승리로
보이는 것에 대해서 정통파 역사학자들은 '비밀주의인
스탈린에게 속았다', '루스벨트는 아팠다', '루스벨트의
후계자 트루먼이 미숙했다' 등 이치에 맞지 않는 이유를
붙였다. 생각해보면 간단히 알 수 있는데, 루스벨트나
트루먼과 회담에 동행한 미국 대표단은 국무장관을 비
롯한 정부 고위 관료들로 쟁쟁한 구성원들이었다. 영국
과 소련도 마찬가지로 정부 고관들이 동행했다. 이러한
상태에서는 누군가가 일방적으로 다른 쪽을 속이는 일
은 생각하기 힘들다. 동행한 인사들이 문서 하나하나를
꼼꼼히 확인하기 때문에 불리한 조건을 놓칠 리가 없다.

일방적인 결과는 속거나 놓친 것이 아니라 어딘가
'배후'의 지시에 따라야 하는 사정이 있었다고 생각하는
편이 상식적이다. 실제로 얄타회담에서 해리 홉킨스 보
좌관과 국무부 직원 앨저 히스가 항상 루스벨트를 따라
다니며 회담 중에 귓속말을 하거나 메모를 전달했던 사
실이 밝혀졌다. 홉킨스는 공산주의자 유대인이고, 히스

는 나중에 소련의 스파이로 기소되었다. 그들의 귓속말
이나 메모는 누구의 지시로 이루어졌을까. 배후의 지시
자는 누구인가에 대해서 스탈린의 통역사가 진상을 폭
로했다.

처칠의 쪽지

발렌틴 베리시코프가 쓰고 구리야마 요지가 번역한
『나는 스탈린의 통역이었다 ―제2차 세계대전 비화(私
は、スターリンの通訳だった。―第二次世界大戦秘
話)』(도호샤출판, 1995)에 충격적인 내용이 소개되어 있
다. 얄타회담 4개월쯤 전, 히틀러가 이끄는 나치 독일의
패배가 뚜렷해진 1944년 10월 모스크바에서 스탈린과
처칠이 회담을 했다. 주요 의제는 동유럽 여러 나라의
전후 처리였다. 루스벨트는 대통령 선거 중이라 빠지고
대리로 소련 주재 미국 대사 애버럴 해리먼이 참관인으
로 출석했다.

이 회담에서 처칠은 윗주머니에서 쪽지를 꺼내 스탈
린에게 보여주면서 "별것 아니지만 나는 여기에, 런던
에 있는 특정 인물의 생각을 담은 쪽지를 갖고 있습니
다"라고 설명했다. 쪽지에는 다음과 같이 국명과 숫자

    알아서는 안 되는 현대사의 정체

만 적혀 있었다.

- 루마니아: 러시아……90퍼센트, 그 외의 나라……
  10퍼센트
- 그리스: 영국(미국과 함께)……90퍼센트, 러시
  아……10퍼센트
- 유고슬라비아: 50퍼센트, 50퍼센트
- 헝가리: 50퍼센트, 50퍼센트
- 불가리아: 러시아……75퍼센트, 그 외의 나라……
  25퍼센트

어느 지역·어떤 자산을 연합국 중 어느 나라가 차지할지에 대한 백분율 표시다. 러시아는 소련인데, 이 시점에서 매우 유리한 숫자이다. 이 제안에 대해서는 그 후 양국 사이에 거래가 이루어지는데, 주목할 부분은 처칠이 언급한 "런던에 있는 특정 인물의 생각을 담은 쪽지"라는 말이다.

'런던에 있는 특정 인물'이란 과연 누구일까. 런던 시티의 국제 금융 자본가이고, 더욱 한정하면 로스차일드 가문이고, 더욱더 한정하면 당시 로스차일드 가문의 수장 빅터 로스차일드임에 틀림없다. 결국 제2차 세계대전 전후 처리의 큰 틀은 처칠이나 루스벨트, 스탈린과 같은 국가의 지도자가 아니라 런던의 국제 은행가가 결정했다.

처칠이 쓴 회고록에는 이 쪽지를 처칠이 썼다고 쓰여 있다. 이 내용은 분명히 틀렸다. 세계 최강국인 미국의 루스벨트 대통령이 부재중인 회합에서 처칠이 독자적으로 제안했을 리가 없기 때문이다. 루스벨트가 없어도 결정이 가능한 인물이 쓴 쪽지라고 해석해야 한다. 그러니까 스탈린도 이 쪽지에 따라 논의할 수 있었다.

참고로 스탈린은 조지아(그루지야)인이다. 유대인이 아닌가 하는 설도 꾸준히 제기되고 있지만, 그렇지는 않다고 생각한다. 일국사회주의(一國社會主義)라는 내셔널리즘 발상은 유대 사상에 어울리지 않는다. 또한 당시 유대계 러시아인들이 크림반도를 유대인 자치공화국으로 하는 소송을 제기했는데, 스탈린은 거부한다. 미국, 이스라엘에서 유대인 국가 건설을 주장하는 시온주의자의 영향을 소송 배경으로 보았기 때문에 거부했다는 의견도 있지만, 만약 스탈린이 유대인이었다면 이 소송을 거부하는 것은 통상적으로 생각하기 힘든 일이다.

스탈린은 한국전쟁이 시작되는 1950년 무렵까지는 유럽과 미국의 국제 금융 자본가들의 의향을 어느 정도 고려해서 정권 운영을 해왔다. 얄타회담이 스탈린의 단독 승리로 보이는 이유는 그 때문이다.

1945년 GHQ의 일본 점령

통설▶ 군대 해산, 여성 해방, 농지 개혁, 교육 개혁 등 민주적 개혁을 실시했다.

역사의 진상▶ 일본을 약화시키기 위해 사회주의화를 목적으로 삼았다.

'민주화'라는 이름 아래 시행된 점령 정책

포츠담선언을 수락한 일본에는 1945년 10월 도쿄 유라쿠초에 GHQ(General Headquarters, the Supreme Commander for the Allied Powers, 연합국군최고사령관총사령부)가 설치된다. 최고사령관(Supreme Commander for the Allied Powers, SCAP)은 더글러스 맥아더였다. 연합군이라고 하지만, 사실상 미국 한 나라에 의한 군사 점령이었다.

미국의 가장 큰 목적은 일본이 강력한 국가로 부활하는 것을 막는 일이었다. 일본이 두 번 다시 군사 강국이 되지 않도록 철저하게 일본을 억제하기 위한 점령 정책을 전개해 나갔다. 점령 정책은 '민주화'라는 이름 아래 시행되었다.

미국은 일본이 강대국이었던 배경에는 강한 내셔널

     알아서는 안 되는 현대사의 정체

리즘과 민족 단결력이 있다고 생각했다. 그래서 그 기반인 일본의 역사, 문화, 습관, 전통 등을 봉건적이고 뒤떨어졌다며 부정하고, 대신에 자유주의와 개인주의를 들여왔다. 정체성을 파괴하고, 거기에 생긴 정신적 공백에 자유주의를 심어주는 작전이다. 자유주의는 자유를 존중하는 진보 사상처럼 생각되지만 실상은 사회주의 사상이다. 왜냐하면 진보적인 사상은 질서를 파괴하는 사고방식이기 때문이다. 현재의 질서로 개인이 소외됨으로써 개인을 둘러싼 부자유나 불행이 생기기 때문에 전통 질서에서 벗어나기를 호소한다. 귀착점은 전통 질서의 파괴, 개인의 무국적화이다.

무국적화 사상인 자유주의는 선진 사상으로 홍보되고 미국은 일본이 봉건체제를 극복하고 민주화가 되어야 한다면서 정신 파괴 정책에 힘쓴다. 같은 패전국인 독일에서는 이러한 정신 파괴 정책은 시행하지 않았다. 그럼 왜 미국은 일본인의 정신을 철저하게 파괴해야 했을까.

원자폭탄을 계속 두려워한 미국

미국이 일본을 정신적으로 회복하기 어려운 나라로

만들어야 한다고 생각한 가장 큰 이유는 일본인들이 히로시마·나가사키에 원자폭탄을 투하한 미국에 복수할 수 있다는 공포심이었다. 실제로 국제법상 일본은 원자폭탄 투하에 복수할 당연한 권리를 가진다.

그 이상이라고 말해도 좋을 텐데, 미국인에게는 성서의 백성이라는 측면이 있다. 신이 옳다고 하면 남을 죽이는 일도 마다하지 않는다. 그러나 자신이 신의 뜻을 거슬렀다고 생각하면 저주받는 쪽에 서버렸다고 두려워한다. 미국의 원자폭탄 개발 정책인 맨해튼계획(1942~1946년)의 책임자였던 유대계 원자물리학자 로버트 오펜하이머는 1945년 7월 16일에 실시한 인류 최초의 원자폭탄 실험을 직접 보고 전율한다. 힌두교 경전 『바가바드기타』의 한 문장 "이제 나는 죽음이 되었다."를 인용해서 세계의 파괴자가 되어버렸음을 자각했다고 고백한 말이 기록으로 남아 있다.

20세기가 끝나는 1999년 연말에 미국의 AP통신사가 '20세기 세계 20대 뉴스'를 발표했다. 첫 번째는 히로시마·나가사키에 대한 원자폭탄 투하였다. 20세기는 원자폭탄의 등장에 따라서 인류의 운명이 결정적으로 변한 세기이기도 하다. 히로시마·나가사키에 대한 원자

    알아서는 안 되는 현대사의 정체

폭탄 투하는 아무리 정당화하려고 해도 할 수 없다는 것을 미국인은 알고 있다. 그렇기 때문에 첫 번째로 다루고, 그 기억을 후세에 남기려고 했다. 바꿔 말하면 일본은 원자폭탄 투하에 대해 복수를 할 가능성이 있으니 주의해라, 일본이 미국 이상의 군사력, 특히 핵무기를 가져서는 안 된다는 의도가 담겨 있다고 억측하는 것도 가능하다.

히로시마 원폭 희생자 위령비에 "편안하게 잠드소서. 과오는 반복하지 않을 테니까요."라는 문구가 새겨져 있다. 과오란 누구의 과오를 말하고 있는지 여러 가지 의견이 있다. 이 말을 '일본은 미국에 복수하지 않겠습니다. 원자폭탄을 투하한 미국의 과오에 대하여 일본은 미국에 원자폭탄을 되돌려보내 떨어뜨려 보복한다는 과오를 되풀이하지 않겠습니다. 일본은 세계 평화를 위해 노력합니다. 그러므로 부디 돌아가신 여러분, 천국에서 편안하게 쉬십시오.'라고 해석하면 좋지 않을까 한다. 일본 국내에서 충분히 합의를 이룰 수 있는 문장이 아닐까 생각한다. 이 다짐에는 미국인도 귀를 기울여야 한다.

일본은 핵무기 폐지를 세계에 계속 호소하고 있지만,

원자폭탄을 투하한 미국을 증오하거나 원망하지 않는
다. 우리는 보통 '미국이 원자폭탄을 투하했다'라고는
말하지 않는다. 주어가 없이 '원자폭탄이 투하되었다'라
고 수동태로 표현한다.

일본인에 의한 일본인의 언론 검열

일본인의 정신을 파괴하기 위해 GHQ는 신문, 라디
오, 출판 등 모든 미디어의 보도를 검열하고 통제했다.
에토 준의 뛰어난 저작 『닫힌 언어 공간―점령군의 검열
과 전후 일본(閉された言語空間―占領軍の檢閱と戰後日
本)』(분게이이순주, 1994)에 따르면 검열 지침은 30항목에
이르고, 그 목적은 일본인을 일본인이 아닌 무국적인으
로 개조하는 것이었다. 무국적인이란 '세계시민'이라는
말로 상징되듯이 조국이 없는, 뿌리 없는 풀이 된다는
의미이다.

1946년부터 1948년에 걸쳐서 이루어진 극동국제군
사재판에서 전개된 도쿄재판사관[39]에 따라 다시 쓴 일

---

39 일본의 전쟁 책임을 인정하는 역사관.

     알아서는 안 되는 현대사의 정체

본의 역사가 검열의 지침이었다. 일본은 사악한 침략 국가였다는 축으로 통일되었다.

GHQ의 방침은 일본인 검열관을 이용해서 일본인의 언론을 검열하겠다는 것이다. 식민지 통치의 철칙인 '분할통치'이다. 이 방침은 효과가 있었다. 21세기인 현재 일본인 중에 일본은 나쁜 나라였다고 하는 사람들이 지금도 많은 이유는 이 때문이다. 검열의 성공 비밀은 도대체 어디에 있었을까.

실제로 검열에 참여한 사람들은 영어를 할 줄 아는 고학력 지식층 일본인이었다. 일당 1000엔, 월급이 현재 돈으로 1000만 엔을 넘는 고소득자였다. 검열의 가책이라는 심리적 갈등에는 자기합리화가 필요했다. 자기가 먼저 일본은 전범국이었다고 믿을 필요가 있었다.

검열당하는 쪽의 협력과 복종도 필요하다. 언론인에게는 검열에 따르지 않으면 신문 기사를 발표할 수 없다, 일을 할 수 없다는 사정이 당연히 있었다. 생활을 대신할 수는 없다.

검열당하는 쪽도 방침에 따르도록 점차 자기 규제를 시작해 결국에는 적극적으로 검열관에게 빌붙게 되었다. 검열관과 피검열자는 공범 관계에 빠졌다. 중요한 점은 이 공범 관계는 당사자 이외에는 알려질 일이 없기 때문에 매우 마음이 편하고 서로 큰 이익이 있는 관계였다.

1951년 샌프란시스코강화조약으로 일본은 다시 독립한다. 검열관은 공식적으로는 폐지되었지만, 전직 검열관들은 그 과거를 숨기고 관계, 경제계, 교육계, 학계 등 각계의 지도적 위치로 돌아왔다. 공범 관계에 있던 피검열자는 공범의 가책이 드러나는 것을 막기 위해 검열 지침을 고수하며 그 후에도 언론계를 지배한다.

검열관 및 피검열자와 같은 존재를 전후이득자라고 한다. 즉 이권이다. 그들이 이권 구조를 유지하기 위해서는 공범 관계였다는 사실이 폭로되지 않아야 하기 때문에 이 공범 관계는 지금까지도 은연중에 지속되고 있다. GHQ가 교묘하게 고안해낸 일본을 영원히 계속 구속하는 방식이었다. GHQ는 점령 종료 후 일본에서 일본 약화 노선을 어떻게 유지할지 고심한 결과 GHQ의 이권에 몰려든 전후이득자들이 일본을 지배하도록 했다. 이것이 오늘날에 이르기까지 여전히 일본인의 손으로 일본 약화 정책이 지속되는 이유이다. 일본은 지금도 정신적으로 GHQ의 점령하에 있다고 말할 수 있다.

WGIP와 불결함 기피 사상

일본인에 의한 일본인 검열이라는 정책은 조용히 시행되었다. 반면 공개적으로 드러내놓고 국민들에게 전개된 정책이 WGIP(War Guilt Information Program)이다. 일본인에게 전쟁에 대한 죄책감을 심어주기 위해 라디오 방송이나 신문 기사 등을 이용해 홍보했다.

이렇게 해서 일본인은 세뇌되었다. 그러나 이 세뇌가 성공한 배경에는 일본인의 전통적인 사상, 즉 전쟁이나 권력정치를 불결하다고 싫어하는 '불결함 기피 사상'이 있었다. 전쟁으로 인한 불결한 주검(사예·死穢)을 피하고 싶은 심리가 전쟁이 초래한 국토 황폐화에 대한 슬픔과 맞물려 태평양전쟁을 부정하는 선전에 물들어갔다고 할 수 있다.

현재에 이르기까지 국방, 치안, 외교라는 나라의 안전을 책임지는 일이 국민들에게 지지를 얻기 어려운 이유는 이 불결함 기피 사상의 영향이 있다. 재계 간부가 다른 나라를 지나치게 걱정하는 듯한 국제 정세에 관한 발언을 하면 비즈니스를 위해 평화가 필요하다는 의식 이외에 이 불결함 기피 사상의 영향이 있는 것 같다. 유권자가 있어야 하는 정치가는 전쟁을 싫어하는 전통적인 국민 의식을 고려할 필요가 있다.

도쿄재판사관은 보수파로 분류되는 정치가나 재계에도 침투해 있다. 전쟁을 싫어하는 것은 중요한 감정이다. 문제는 전쟁 기피와 국가의 안전 사이에서 어떻게 균형을 잡고 일본의 국가 전략을 세우느냐에 있다.

1948년 마셜플랜 개시

통설▶ 미국은 공산주의화 방지를 목적으로 유럽에 경제원조를 했다.

역사의 진상▶ 조지 마셜은 공산당 독재·중화인민공화국의 창시자였다.

공산당이 재건할 시간을 벌었던 마셜

1948년 미국은 유럽경제부흥원조계획을 발표한다. 정통파 역사관에 따르면 전후 유럽 경제가 어려워지게 된 원인이 공산당 확장에 있다며 시작된 반공(反共) 반소(反蘇) 정책인 트루먼독트린의 일환이다. 지원을 발표한 당시 국무장관 조지 마셜의 이름을 따서 마셜플랜이라고 불린다. 서유럽은 지원을 받아들였지만, 소련·동유럽은 받아들이지 않았고 공산당 세력은 공산당 정보국 코민포름을 결성하여 대항하기 시작했다. 여기서부터 '냉전'이라고 불리는 긴장 상태가 격화되어갔다고 알려져 있다.

조지 마셜은 군인이었다. 제2차 세계대전 때는 육군 참모총장을 지냈고 전후에 국무장관, 국방장관을 역임했다.

제2차 세계대전 후 곧 중국에서는 장제스가 이끄는 국민당과 마오쩌둥이 이끄는 공산당 사이에 내전이 일어난다. 트루먼 대통령은 마셜 장군을 특사로 중국에 파견했다. 겉으로는 물론 국민당 원조이다. 그러나 마셜 장군은 국민당에 대한 무기 원조 실시를 늦추고, 공산당군과의 즉시 정전을 주장했다. 그리고 공산당과 연립정권을 세울 것을 강요했다. 그때까지 유리하게 전쟁을 이끌던 장제스에게 정전을 요구한 이유는 공산당군 재건을 위해 시간을 벌어야 했기 때문이다.

마셜 장군의 이러한 행동은 마셜이 공산주의 지지자였기 때문이라든가, 미국 정부 중추에 있던 코민테른 스파이의 모략에 걸려들었기 때문이라고 한다. 그러한 측면도 부정하기는 힘들지만 트루먼 대통령 및 마셜 장군에게 지시한 어떤 강력한 세력이 존재하고 있었다고 생각하는 쪽이 자연스럽다. 그것은 공개 자료에서도 나타난다.

소련에서 평가가 높은 마셜 장군

마셜은 공산당 세력을 봉쇄하기 위한 유럽경제부흥원조계획 제창자였다. 1955년 소련이 바르샤바조약기구[40]를 결성하자, 이에 대응해야 했던 미국을 중심으로 한 서유럽 국가들의 군사동맹 NATO(북대서양조약기구, 1949년 성립)의 강화를 위해 노력한 인물이기도 하다. 소련 입장에서 보면 천적 같은 인물인데 소련은 마셜을 높게 평가했다.

안드레이 그로미코는 1946년부터 1949년까지 유엔 안전보장이사회 소련 대표, 그 후 외무장관을 오래 지낸 사람인데, 『그로미코 회상록—소련외교비사(グロムィコ 回想録—ソ連外交秘史)』(요미우리신문사 외신부 역, 요미우리신문사, 1989)[41]를 보면 "테헤란, 얄타, 포츠담회담에 참가한 사실에서 마셜의 중요성을 알 수 있다", "미국 정부는 전장에서 마셜의 권위에 의지했다", "마셜은 외교관의 모닝코트도 군복도 똑같이 잘 어울리는 것 같다" 등 마셜에 대해 가능한 한 찬사를 보내고 있음을 알 수 있다. 마셜은 소련이 신뢰할 수 있는 동료였다.

한편, 1950년대 미국의 반공운동, 소위 빨갱이 사냥의 상징적 존재였던 상원의원 조지프 매카시는 『공산

---

40 소련을 중심으로 창설된 동유럽의 공동 방위 기구.

41 한국어판 『그로미코 회상록』, 박형규 역, 문학사상사, 1990.

중국은 미국이 만들었다—G. 마셜의 배신 외교(共産中国
はアメリカがつくった—G·マーシャルの背信外交)』(소에
지마 다카히코 감수, 모토하라 도시히로 역, 세이코쇼보,
2005. 원제는 『America's Retreat from Victory—The
Story of George Catlett Marshall』, 1951)에서 공산주의
지지자인 마셜을 엄중히 규탄하고 있다. 그중에서 매카
시는 마셜의 전임 국무장관 제임스 번스의 저서에 나오
는 스탈린의 마셜 평가를 소개한다.

스탈린은 마셜 장군을 칭찬하며 중국 문제를 매듭지
을 수 있는 사람은 마셜 이외에는 없다고 했다. 스탈
린은 정확히는 이렇게 말했을지도 모른다. 자신이 만
족할 수 있도록, 이라고.

그렇다면 마셜은 어떻게 중국 문제를 매듭지었을까.
앞에서 이야기한 『공산 중국은 미국이 만들었다—G·마
셜의 배신 외교』에 놀라운 사실이 밝혀져 있다.

미국의 과도한 중국공산당 옹호

제2차 세계대전 중, 장제스 군의 군사 고문 단장으로

중국에 파견되었던 조지프 스틸웰이라는 군인이 있었다. 마셜 참모총장이 임명했다. 스틸웰은 공산당은 중국에 민주주의를 가져오는 세력이라고 칭찬하는 한편, 장제스는 미국의 원조를 공산당과의 전쟁에 쓰려고 한다고 비판했다. 스틸웰은 미국 정권의 빈축을 사서 1944년에 해임되고 후임으로 앨버트 웨더마이어 장군이 중국에 파견되었다.

웨더마이어 장군은 미국이 지원한 무기가 대부분 장제스 군에 넘어가지 않았음을 밝혀내고 공산당과의 분쟁을 해결하기 위해 국민당 지원을 강화하도록 본국에 요청한다. 이에 대해 매카시는 매우 흥미로운 해설을 붙이고 있다. "아시아에 병력을 집결하고 태평양이나 극동의 미군을 공격하기 위해서라도 중국은 전쟁을 그만두어야 한다는 일본의 요청에 대항하여 무시해라, 전쟁을 계속하라고 장제스에게 말한 것은 우리들이다. 장제스에게 큰 빚을 졌다." 즉, 미국이 장제스에게 일본과 전쟁을 계속하도록 권유했음을 인정하고 있다.

웨더마이어는 종전 후 바로 귀국한다. 장제스에 대한 보고서를 제출하는데, 거기에는 "중국 주둔 미군을 조기 철수하라는 압력이 가해지고 있다고 트루먼 대통령이 말했다"고 적혀 있었다. 미군이 중국에서 철수하는 일은 마오쩌둥과 대치하고 있는 장제스에게는 심한 타격이다. 마셜의 대처 방침은 국무부와 국방부(합동참모본부)가 결정한 중국 정책에 기초하고 있었다.

그 정책이란 "장제스가 공산당 토벌을 추진하면 지원을 중단하는 데 그치지 않고, 중국에서 통일 정부 수립, 즉 장제스 정부에 공산당을 합치는 것을 요청한다"는 내용이다. 장제스 정부에게는 사형선고였다. 결국 미국의 중국 정책이란 루스벨트 대통령 시대부터 일관되게 변하지 않고 중국에 공산당 정권을 만드는 것이었다.

마셜은 공산당 정권, 중화인민공화국의 창시자이다. 또한 웨더마이어는 회상록(『제2차 대전에 승자는 없다(第二次大戰に勝者なし)』, 세노 사다오 역, 고단샤학술문고)에서 마셜이 장제스를 버린 일에 대해서 마셜은 제2차 세계대전 전쟁 지휘로 격무에 몹시 지쳐 있었기 때문에 중국에 왔을 때는 올바른 판단을 할 수 없는 상태에 있었다고 마셜을 옹호하고 있다. 마셜에게 발탁된 엘리트 장군으로서는 여기까지밖에 쓸 수 없었을 것이다.

그럼 왜 미국은 중국에 공산당 정권을 성립시킬 필요가 있었을까.

　알아서는 안 되는 현대사의 정체

목적은 중국을 소련 지배 아래 두는 것

미국은 중국을 소련의 영향 아래 두기 위해 중국에 공산당 정권을 수립할 필요가 있었다. 소련을 미국과 대등한 강대국으로 만들기 위해서 중국을 소련의 위성국가로 만들려는 의도가 있었다. 소련을 더욱 강대국으로 만들어 소련을 중심으로 한 공산주의의 위협을 부추겨서 서방 여러 나라의 여론을 굳히고 군비 확장을 추진하여 군산복합체의 이익을 도모하는 것이 당시 미국의 계획이었다.

마오쩌둥은 미국의 지원을 받아 중국에서 권력을 장악하게 되었다. 마오쩌둥은 당연히 미국의 원조를 기대했지만 미국은 그에 응하지 않았다. 마오쩌둥이 소련에 원조를 요청하지 않을 수 없게 된 이 상황이 미국의 의도였다. 소련이 중국을 통제해서 중국이 소련의 위성국가가 되면 서방의 반공 여론은 더욱 강해질 것이다.

또한 미국은 장제스를 타이완에서 살아남게 해서 중국에 분쟁의 불씨를 남겼다. 분할통치라고 불리는 제국주의 시대 식민지 지배의 철칙이다. 장제스가 공산 중국을 견제하면 공산 중국은 미국에 맞서기가 어려워진다.

미국이 거들떠보지도 않는 마오쩌둥은 1949년 연말

에 소련을 방문하고 다음 해 중소우호동맹상호원조조약 체결 교섭을 실시한다. 서로 잘 안 맞는지 스탈린과의 관계는 어색했다. 그로미코는 조약 체결 당시 분위기를 "전날 밤 두 정상 사이에는 그다지 마음이 통하지 않았다는 것이 다음 날 동지들의 의견이었다. 이어지는 며칠간의 분위기도 거의 비슷했다"고 앞에 나온 『그로미코 회상록—소련외교비사』에 남겨두었다.

그러나 그 후의 중국은 반드시 미국의 의도대로는 움직이지 않았다. 마오쩌둥은 중국을 소련의 지배 아래 두려는 미국의 계획을 알고 있었을 것이다. 한국전쟁에 의용군을 보내며 소련에 협력했지만, 1960년대에 시작된 베트남전쟁에는 개입하지 않았다. 중소대립은 베트남전쟁을 경계로 격화되어간다.

　알아서는 안 되는 현대사의 정체

1950년 한국전쟁 발발

통설▶ 북한군이 남북통일을 목표로 남으로 침공, 유엔은 이를 침략으로 인정했다.

역사의 진상▶ 한국전쟁은 미국이 씨를 뿌리고 소련이 협력한 전쟁이었다.

애치슨의 연설과 스탈린의 유엔군 찬성

한국전쟁은 모순으로 가득한 전쟁이었다. 계기는 1950년 1월 12일 당시 트루먼 정권의 국무장관이었던 딘 애치슨의 연설이다. 애치슨은 "미국의 아시아 지역 방위선에 남한을 포함하지 않는다"고 분명히 말했다.

남한(한국)이 침략을 받아도 미국은 개입하지 않는다는 메시지였다. 의도적인 발언이었다. 북한이 한국을 침공할 고(Go) 사인을 내놓은 것이다.

애치슨 연설 5개월 후인 6월 25일, 북한군은 38도선을 넘어 한국으로 밀려들었다. 2일 후엔 유엔안보리가 가맹국에 한국 방위를 권고한다. 김일성의 북한군은 남단에 위치한 부산까지 침공한다. 9월 15일에 맥아더가 지휘하는 유엔군이 인천에 상륙, 북한군을 중국 국경 근처까지 밀어낸다. 10월 19일 조선의용군이라 칭한 중공군이 개입한다. 전황은 서로 일진일퇴를 거듭하며 이듬해에는 38도선에서 교착상태가 되고 1953년 7월에 휴전협정이 체결되었다. 국제연합군(유엔군) 총사령관과 조선인민군 최고사령관 및 중국인민지원군 사령원 사이에 맺은 협정이다.

두 가지 포인트가 있다. 첫 번째는 애치슨의 연설이다. 미국은 북한이 한국을 공격하게 만들고 싶었다.

두 번째는 어떻게 유엔군을 조직할 수 있었는가 하는 점이다. 유엔안보리 상임이사국인 소련이 거부권을 행사하면 유엔군 편성은 불가능하다. 소련은 유엔군 편성에 반대하지 않았다. 안보리 심의에 불참했다. 앞에 나온 『그로미코 회상록』에 소련 대표는 안보리에 불참하라고 스탈린이 지시했다는 내용이 적혀 있다. 정통파 통설에 따르면 장제스의 중화민국(대만)이 안보리 상임이사국 자리를 차지한 것에 항의하며 소련은 안보리를 보이콧 중이었다는데, 이것이 과연 동맹국 북한을 저버리는 이유가 되었을까.

애치슨 연설에서 북한에 대한 고 사인과 스탈린의 사실상 유엔군 편성 찬성에서 한국전쟁은 미소의 결탁에 의한 전쟁이었다는 진상이 보인다. 그리고 미소 결탁 양

 알아서는 안 되는 현대사의 정체

상은 한국전쟁 때 더글러스 맥아더의 움직임을 따라감으로써 구체적으로 알게 된다.

북한군과 중공군을 격퇴할 생각이 없는 미국

유엔군 최고사령관이 된 맥아더가 주장한 작전은 본국 미국에서 모두 기각되었다. 또한 유엔군의 작전 정보는 미국에서 영국, 소련, 인도를 경유하여 중공군과 북한군에 전해진 것 같다. 중공군 침입 경로인 압록강에 놓인 다리 폭파 계획도 미국 정부가 영국과 협의한 결과 마셜 국방장관의 대답은 "만주 국경에서 8킬로미터 범위 내에 있는 목표물의 폭파는 모두 연기한다"는 것이었다.

맥아더는 회상록에서 "워싱턴에서는 특히 영국의 영향력이 상당히 강하게 작용하고 있다"는 내용을 기록하고 있다. 우리들의 이해와는 반대로 정치적인 역학 관계로 말하면 미국보다 영국이 위이다. 또한 맥아더에 대한 대응에서 알 수 있듯이 미국도 영국도 공산 세력을 적극적으로 제거할 의도는 없었다. 이는 정통파 역사관인 "전후 미국과 소련은 서로 상대방보다 우위에 서려고 세계에서 패권을 다투었다"와는 사뭇 다르다.

한국전쟁은 미국, 영국, 소련이 결탁해서 연출한 전쟁이었다. 트루먼 대통령은 북한군과 중공군을 물리칠 생각이 없을 뿐만 아니라 일부러 질 것 같은 행동을 계속했다. 휴전까지 3년이 걸리고, 3만 명 이상의 미군이 희생되었지만 남북한의 국경은 거의 변하지 않았다. 미국 정부의 전쟁 지도력에 의문을 나타낸 맥아더는 1951년에 해임된다. 맥아더의 후임으로 휴전협정에 서명한 마크 웨인 클라크 장군은 저서 『다뉴브강에서 압록강까지(From the Danube to the Yalu)』(1954)에서 승리하기 위해 필요한 권한도 무기도 병사도 주어지지 않았다, 눈앞에서 미군 병사가 중공군에게 힘없이 죽음을 당하는 것을 방관할 수밖에 없었다고 맥아더와 같은 억울함을 토로하고 있다.

한국전쟁의 목적은 무엇이었을까. 전쟁 자금을 빌려준 국제 은행가와 무기를 판 군수산업이 이익을 얻은 것은 말할 필요도 없다. 한국전쟁 말기에 미국 대통령에 취임한 아이젠하워는 8년 후의 퇴임 연설에서 "군산복합체가 민주주의에 위협이 된다"고 미국 국민에게 경고한다.

 알아서는 안 되는 현대사의 정체

맥아더의 "일본은 자위전쟁" 증언

해임된 맥아더가 귀국 후 미국 상원 군사외교위원회에서 증언한 내용이 흥미롭다. 맥아더에게는 미국 정부의 진의는 전해지지 않았다. 맥아더는 이미 정부의 중심, 이른바 이스태블리시먼트에서 제외되어 있었다.

1951년 5월 3일 맥아더는 "일본이 태평양전쟁에 돌입한 것은 대부분은 안보상의 필요에 의한 것이었다"고 위원회에서 증언했다. 이를 정통파 통설은 "한국전쟁을 치른 결과 한반도가 일본의 생명선이었다는 사실을 깨달았기 때문이다"라고 해석한다. 그렇지는 않다. 목숨을 걸고 싸웠는데 조국에 배신당한 맥아더는 태평양전쟁에 대한 진실을 숨길 필요는 없다고 생각하고 미국의 대일전쟁에 대한 불의를 고발하려는 의도로 일본의 전쟁 목적을 옹호하는 발언을 했다고 생각된다.

태평양전쟁(대동아전쟁)이 일본의 자위전쟁임을 전쟁 전부터 미국 수뇌부는 알고 있었다. 당시 일본은 미국에서 석유 소비량의 대부분을 수입하고 있었다. 상식적으로 생각하면, 그런 나라와 전쟁을 할 리가 없다. 그러나 미국은 통상조약을 파기하고 석유 수출을 금지한다. 사실상의 선전포고이다. 일본은 스스로를 지키기 위해 싸울 수밖에 없었다. 미국은 일본이 궁지에 몰려 미국을 공격하기를 기다리고 있었다. 미국이 계획한 전쟁이고 일본의 침략 전쟁일 리가 없다.

1946년부터 1948년에 걸쳐서 이루어진 도쿄재판에서 맥아더는 '평화에 대한 죄'로 7명의 일본인 지도자를 처형한다. 그런 맥아더가 일본의 전쟁은 침략 전쟁이 아니라 자위전쟁이었다고 공식적으로 증언했다. 이 역사적 증언을 무겁게 받아들이고 역사 교과서는 맥아더의 발언을 제대로 써야 한다고 생각한다.

1951년 샌프란시스코강화조약

통설▶ 일본은 평화조약에 조인하고 독립을 되찾아 국제사회에 복귀했다.

역사의 진상▶ 미국과 영국은 일본과 이웃 나라에 분쟁의 씨앗을 많이 뿌렸다.

분할통치의 철칙

1951년 9월 8일 당시 일본 총리 요시다 시게루가 샌프란시스코강화조약에서 평화조약에 조인하고 일본은 독립을 되찾았다. 일본은 한국, 대만, 남사할린, 쿠릴열도를 포기했다. 또한 미일안전보장조약이 이때 체결되었다.

현재 일본은 쿠릴열도, 독도[42], 센카쿠를 둘러싸고 러시아, 한국, 중국과의 갈등으로 고생하고 있다. 이는 일본과 이웃 나라 사이에 불화의 씨앗을 놓아두고 일본이 미국과 영국의 뜻을 거스르지 못하게 견제하는 책략이다. 식민지를 인종이나 언어, 종교 등에 따라 서로 싸우

---

42 일본에서는 다케시마(竹島)라고 부른다.

게 해서 분단하고 종주국이 지배하기 쉽게 하는 것을 '분할통치'라고 하는데, 영국과 미국은 독립 후의 일본에 대해 '분할통치' 방식으로 행동을 제한했다. 순서대로 살펴보도록 하겠다.

쿠릴열도(北方領土)

일본이 GHQ 점령하에 있던 1951년, 주일 영국 대사관이 본국에 극비 전보로 보고한 내용이 전 주러시아 대사인 단바 미노루 씨의 저서 『일러 외교 비화(日露外交秘話)』(주오코론신샤, 2004)에 소개되어 있다. "대일 평화조약으로 일본은 쿠릴열도를 포기했는데, 포기한 쿠릴열도의 범위를 모호하게 해두면 이 범위를 둘러싸고 일본과 소련은 영원히 다투게 되어 서방 연합국에게 이익이 될 것"이라는 내용이다. 정보 공개 30년 규정에 따라 영국 외무부에서 이 전보의 공개 여부를 두고 일본 외무성에 문의를 했다. 일본 외무성은 불필요한 논쟁을 우려하여 "공개 불가"라고 대답했다고 한다.

반면 영국 측은 공개했다. 단바 미노루 씨는 "영국 외교는 대단하다"고 쓰고 있다. 그러나 주일 영국 대사관은 공개된 전보를 복사하지는 않았던 것 같다. 그 후에

    알아서는 안 되는 현대사의 정체

단바 씨가 친하게 지내던 로스트로포비치라는 세계적으로 저명한 러시아 음악가가 "일본과 러시아가 어떻게 서방 연합국 측에 '말려들어' 싸우고 있는지, 쿠릴열도는 일본에 반환하고 분쟁을 그만두어야 한다고 어딘가에 쓰고 싶다"고 해서 이 전보의 복사본을 원했다고 한다. 단바 씨가 주영 일본 대사관에 문의한 바, 런던의 영국 공문서관에는 분명 '쿠릴열도의 전략적 가치'라는 파일은 존재하는데, 파일 자체는 분실 중이라는 답변이 왔다고 한다.

단바 씨의 책을 읽고 복사를 하지 않았던 일본 외무성은 얼마나 큰 물고기를 놓쳤는지 안타까운 생각이 들었다.

독도

일본과 연합국의 강화조약 교섭이 막바지에 접어들 무렵, 한국 정부가 강화조약의 조건으로 독도 포기를 넣도록 요청했다. 미국 정부는 이 요청을 각하한다. 미국의 딘 러스크 국무차관은 독도는 1905년 무렵부터 시마네현 관할하에 있고, 조선이 독도에 대한 영유권을 주장한 흔적이 없다고 한국 정부에 답변했다. 미국의 이러한 입장은 비밀리에 한국 측에 전해졌다. 1952년 한국은 국제법 위반인 이승만 라인(해양경계선)을 설정하고 독도를 한국이 차지했기 때문에 독도라는 영토 문제가 발생했다.

주의할 점은 한국에서 요청했을 때 미국이 독도는 일본 영토라고 공언했으면 한국은 미국을 따라야 했을 것이다. 미국은 왜 공표하지 않았을까. 한일 양국이 독도 영유권을 둘러싸고 계속 분쟁하기를 원했기 때문이다.

친일파로 알려진 한국의 평론가 김완섭 씨는 저서 『친일파를 위한 변명』(아라키 가즈히로·아라키 노부코 역, 소시샤, 2002)에서 "미국은 일본을 부흥시켜서는 안 된다는 생각을 가지고 한국에서 강력한 반일 세뇌 교육을 실시함과 동시에 산업면에 있어서는 일본을 견제하기 위한 기지로 키웠다. 그 결과 한국에 IT산업, 조선, 철강, 반도체 등 일본을 복사한 오늘날의 산업구조가 만들어졌다고 할 수 있다. 이러한 배경에는 유색인종을 분할한 후에 정복한다는 '디바이드 앤 컨커(divide and conquer)' 전략이 있었다고 생각된다"고 쓰고 있다. 요약하면 미국은 한일을 '분할통치'하기 위해 반일 교육을 강행했다고 지적하고 있다.

 알아서는 안 되는 현대사의 정체

독도 문제에서도 역사 인식 문제나 경제를 비롯한 여러 분야에서 한일 관계를 보는 데 있어서도 이와 같은 미국의 의도를 충분히 인식할 필요가 있다.

센카쿠열도

센카쿠열도는 미일안전보장조약의 적용 범위라는 것은 오랫동안 미일 사이에 공통된 인식이다. 국무장관 이하, 묻는다면 대답을 정해놓고 공언하겠지만, 센카쿠열도의 귀속 문제에 대해서 미국은 논평을 하지 않는다. 일본의 영유권 주장에 대해서는 태도를 표명하지 않는다는 것이 미국의 입장이다.

이상한 이야기이다. 일본은 미국과 동맹국인데, 중국은 대국이지만 동맹국은 아니다. 그럼에도 불구하고 일본의 영유권을 지지하지 않는다는 것은 결국 독도와 같이 센카쿠열도의 영유권을 둘러싸고 중국과 일본을 내립시키고 싶기 때문이다.

지미 카터 정권의 국가안전보장문제 담당 대통령 보좌관을 지낸 즈비그뉴 브레진스키가 저서 『거대한 체스판: 미국의 우위성과 그 지정학적 필요성(The Grand Chessboard: American Primacy and Its Geostrategic

Imperatives)』(야마오카 요이치 역, 『브레진스키의 세계
는 이렇게 움직인다─21세기 지정학적 전략 게임(ブレジ
ンスキーの世界はこう動く─21世紀の地政戦略ゲーム)』,
일본경제신문사, 1997)[43], 『선택: 글로벌 지배 또는 글로
벌 리더십(The Choice: Global Domination or Global
Leadership)』(호리우치 이치로 역, 『고독한 제국 아메리
카─세계의 지배자인가, 리더인가(孤独な帝国アメリカ─
世界の支配者か、リーダーか)』, 아사히신문사, 2005)[44],
『두 번째 기회: 세 명의 대통령과 미국 초강대국의 위
기(Second Chance: Three Presidents and the Crisis of
American Superpower)』(미네무라 도시야 역, 『부시가
망가뜨린 미국─2008년 민주당 대통령 탄생으로 미국은
반격하다(ブッシュが壊したアメリカ─2008年民主党大統
領誕生でアメリカは巻き返す)』, 도쿠마쇼텐, 2007)[45]에
서 미국 전략의 본심을 밝히고 있다. 일본과 중국에 대
한 미국의 기본 정책은 '중국에 관여', '일본과는 동맹',

---

43 한국어판 『거대한 체스판』, 김명섭 역, 삼인, 2017.

44 한국어판 『제국의 선택』, 김명섭 역, 황금가지, 2004.

45 한국어판 『미국의 마지막 기회』, 김명섭·김석원 역, 삼인, 2009.

　　　　　　　　알아서는 안 되는 현대사의 정체

그리고 '안정적인 중일 관계를 향한 조정'이다. '조정하다'란 중일 관계가 미국의 아시아 전략에서 바람직한 상태가 되도록 개입하는 것을 의미한다. 뒤집어 말하면 일본과 중국이 미국의 의도와 달리 제멋대로 행동하지 않도록 감시하겠다는 것이다.

중국에 대해서는 센카쿠열도가 안보조약의 적용 범위라고 해서 '센카쿠열도의 귀속 문제는 미국의 관여 없이는 해결할 수 없다'고 생각하게 했다. 일본에 대해서는 센카쿠의 영유권 문제는 중국과 일본 사이에서 해결할 문제로 일본은 중국과의 관계에서 미국의 뒷받침을 필요로 하지 않을 수 없도록 만들고 있다.

1954년 베트남전쟁 개시

통설▶ 미국은 베트남 국민을 학살하며 그 위신을 떨어뜨렸다.
역사의 진상▶ 미국은 일부러 전쟁을 오래 끌었다.

베트남전쟁의 시작

먼저 베트남전쟁이 일어난 경위를 살펴보자. 19세기 프랑스의 아시아 진출이 발단이다. 1887년 청프전쟁에서 승리한 프랑스는 인도차이나를 프랑스령으로 한다. 베트남은 그 일부였다. 프랑스는 제2차 세계대전 중인 1940년 독일에 항복, 약화된 프랑스령 인도차이나에는 일본군이 진주한다.

1941년 공산주의자인 독립 지도자 호찌민이 베트남독립동맹회 베트민을 결성하고 본격적으로 독립운동을 시작한다. 공산주의이기 때문에 소련이 지원했다. 1945년 일본이 항복하고 베트남이 무정부 상태가 되자 베트민이 전역을 장악하고 황제를 퇴위시키며 하노이에서 독립선언을 발표, 베트남민주공화국이 건국되었다.

옛 종주국인 프랑스는 베트남민주공화국을 인정하지 않고 인도차이나에 다시 개입해 남베트남공화국이라는 괴뢰국가를 건설한다. 남북으로 분단된 베트남의 통일을 주제로 북베트남과 프랑스 사이에 1946년 제1차 인도차이나전쟁이 일어난다. 1954년 제네바협정이 체결되고 프랑스는 인도차이나에서 물러난다.

미국은 제네바협정에는 참가하지 않고 프랑스를 대신해 베트남에 진출한다. 베트남은 남베트남과 북베트남으로 완전히 분단되고 냉전 구조 자체인 미소의 대리 전쟁이 된다. 1960년 남베트남 민족해방전선(베트콩)이 결성되고, 1965년에 통킹만 사건이라는 북베트남에 의한 대미 함선 어뢰 발사 의혹 사건 발생을 계기로 미국이 북베트남에 폭격을 시작하고 대량 동원 체제에 들어가면서 베트남전쟁은 전면전으로 확대된다.

선전포고가 있어서 시작된 전쟁이 아니다. 베트남전쟁의 개시 연도에 대해서는 미국의 개입을 초래하게 된 제네바협정 체결 시기인 1954년, 베트콩 결성 때인 1960년, 미국이 북베트남에 폭격을 시작한 1965년 등 여러 가지 설이 있는데 문제는 케네디 대통령이 베트남에서 손을 뗄 생각을 하고 있었다는 점이다. 그러나 케네디는 1963년 11월에 암살되고 대통령을 이어받은 존슨에 의해 미국은 본격적으로 베트남전쟁에 빠져들어가게 되었다. 존슨 대통령은 북베트남에 폭격을 시작했고, 전성기에는 50만 명의 미군이 베트남에 파병되었다. 그럼에도 불구하고 미국은 이기지 못했다. 그 이유는 무엇일까.

소련에 대한 미국의 원조

1973년 미국은 베트남에서 완전히 철수한다. 그 후 1975년에 베트남을 통일하는 북베트남 공산주의 정권은 군사력·경제력 및 모든 면에서 미국을 이길 수 있는 요소는 없었다. 그러나 결과는 미국의 패배이다.

1960~1970년대 일본도 그랬지만 전 세계에 반전운동이 일어났다. 그러나 반전운동 때문에 미국이 패배한 것은 아니다. 미국은 이길 수 있는 전쟁을 굳이 이기지 않았다. 공연히 전쟁을 오래 끌었다고 말하는 편이 옳을 것이다.

베트남전쟁이 가장 격렬했던 1966년, 미국은 적인 북베트남의 배후인 소련에 대한 대대적인 경제원조를 시작한다. 소련을 비롯한 동유럽 여러 나라에 무역에서 최혜국대우를 해준다는 당시 존슨 대통령의 성명이 있었다. 미국이 소련에 300억 달러를 빌려주고 소련은 이 자금을 이용해 미국에서 '비전략물자'를 수입한다는 계획이었다. '비전략물자'의 범위는 느슨해서 석유, 항공기 부품, 레이더, 컴퓨터, 화물 차량 등 상식적으로 전략물자에 들어가는 물자도 허용되었다.

미국은 소련에 돈을 빌려주고 소련은 그 돈으로 미국에서 전쟁 물자를 구입한다. 소련은 미국에서 구입한 전쟁 물자를 북베트남으로 보낸다. 북베트남은 이 물자를 미국이 파괴한 시설이나 무기 복구에 사용하고 베트콩의 무장 강화에 사용했다. 미국은 본국의 군인을 살상하기 위해 적에게 자금을 제공했던 것과 같다.

앞에서 언급한 『그로미코 회상록』에 "1966년 소련 공산당대회에서 소련 및 다른 사회주의국가들은 베트남에 필요한 지원을 하겠다고 선언했는데, 이것은 더욱 진지하게 받아들여도 좋았을 것이다"라는 내용의 그로미코 회상은 의미심장하다. 이때 세계가 그 계략을 알아차렸다면 그 후의 여러 어처구니없는 전쟁은 피할 수 있었을지도 모른다.

존슨 정권 말기부터 키신저가 북베트남과의 평화 교섭에 관여하여 1973년 닉슨 정권하에서 평화 합의가 성립된다. 그 사이인 1972년 닉슨이 중국을 방문하여 미국은 중국과 화해한다. 베트남전쟁 종결에는 미국과 중국의 화해가 필요했다. 중국과 소련은 중소대립 상태에 있었다. 중국이 베트남전쟁에 개입하지 않은 이유도 중소대립에 있다.

스탈린의 격노

베트남전쟁에는 원래 한국전쟁과 같이 중국을 끌어들여 전쟁을 확대하려는 목적도 있었다고 한다. 그러나 결과적으로 중국은 개입하지 않았다. 중국은 미국과 소련의 의도를 간파하고 있었던 것은 아닌가 생각한다. 『키신저 '최고기밀' 대화록』에 수록되어 있는, 앞서 소개한 키신저와 마오쩌둥의 나치 독일의 전술을 둘러싼 대화를 보니 마오쩌둥은 언제나 세계 정치의 배경에는 무엇인가 눈에 보이지 않는 세력이 개입하고 있다고 의심하고 있지 않았을까.

베트남전쟁을 계기로 첨예화되는 중소대립의 알려지지 않은 원인을 『그로미코 회상록—소련외교비사』에서 볼 수 있다. 소중합작회사의 설립 문제이다.

1949년 중화인민공화국이 수립되고 얼마 지나지 않아 중국은 소련에 소중석유회사와 소중금속회사라는 양국 합작회사 설립을 제안했다. 교섭은 여러 차례 진행되었지만, 결국 중국 측의 방침 변경으로 교착상태가 된다. 소련 측 교섭 단장을 맡고 있던 그로미코는 사태를 보고 받은 스탈린의 모습을 "스탈린은 이 문제에 대한 자신의 감정을 최대한 강한 표현으로 토로했다. 그 후 계약불이행이 계속되어 소중 관계 전체에 미치는 영향은 대단하지 않았지만, 소련 수뇌부에게 뒷맛이 개운치 않게 되었다"고 쓰고 있다. 중국 측의 계약불이행이 거듭되어 결국 이 합작 프로젝트는 실패하게 된 듯하다.

스탈린이 한낱 신흥 중국과의 합작회사 설립 문제 정도로 격노하는 것은 흔히 생각하기 힘들다. 합작 프로젝트에는 무엇인가 숨겨진 비밀이 있었다. 이 비밀은 스탈린이 머지않아 죽었기 때문에 그로미코가 언급한 "소중 관계 전체에 미치는 영향은 대단하지 않았다"라는 내용을 통해 파악할 수밖에 없다. 여기에는 합작회사가 스탈린의 개인적인 프로젝트였음이 시사되어 있다. 이 '석유'와 '금(골드)' 프로젝트에는 스탈린의 정치생명이 걸려 있지 않았을까, 그렇기 때문에 실패에 대해 격노했다고 생각된다.

스탈린은 그 후 얼마 지나지 않은 1953년에 사망하는데, 암살되었다는 설이 꾸준히 제기된다. 그로미코도

넌지시 말하고 있다. 소중합작회사 실패가 암살로 이어진 하나의 원인이라는 추리는 그다지 빗나가지는 않았다고 생각한다. 그렇기 때문에 합작회사의 실패는 소련 수뇌부에게 '뒷맛이 씁쓸한' 일이었다.

개인적인 프로젝트란 스탈린이 개인적으로 이익을 얻는 프로젝트라는 뜻은 아니다. 소련이라는 국가 체제에서 그것은 불가능하다. 소련 밖에 있는 누군가와 약속했다, 혹은 강요된 프로젝트가 아니었나 생각된다.

그 누군가란 누구일까. 석유나 금을 독점 지배하려던 영미 세력이다. 현재 석유는 록펠러 재벌이, 금은 로스차일드 재벌이 각각 압도적인 지배권을 가지고 사업을 전개하고 있다. 그로미코는 스탈린 암살에 숨겨진 진상을 암시할 목적을 가지고 소중합작회사 실패를 회상록에 남겼다.

미국 정부는 반드시 미국인의 정부는 아니다

베트남전쟁은 미국에 마약이 만연하는 계기가 되기도 했다. 마오쩌둥은 윈난성에 양귀비 재배를 승인하고 아편을 베트남에 퍼뜨려 미군의 전의를 상실시켰다. 중국에게 베트남전쟁은 아편전쟁(1840~1842)[46]에 대한 앙갚음이라는 측면이 있다.

미국을 거대한 마약 시장으로 만든 베트남전쟁이란 미국에게 도대체 무엇이었을까. 베트남전쟁 후 미국 국내는 분열된다. 귀환병은 영웅이 아니라 미국의 명예를 손상시킨 언짢은 존재처럼 미국 사회의 일부로 취급된다. 경제는 정체되고 치안은 혼란스러워졌다. 베트남전쟁은 미국 사회에 황폐화를 가져왔을 뿐이었지만, 이익을 얻은 사람들은 분명히 있었다. 300억 달러나 되는 "비전략물자"를 소련에 수출할 수 있었던 기업이 거기에 해당한다.

베트남전쟁은 미국이라는 국가를 피폐하게 만들기 위해서 베트남 유격대와 미군이 이용당한 전쟁이다. 왜 미국 정부가 스스로 국가를 무너뜨리는 듯한 행동을 하는지는 이해하기 어려운 부분이 있다. 그러나 지금까지 이야기해온 것처럼 "미국 정부는 반드시 미국인의 정부

---

46 아편 문제를 둘러싸고 청나라와 영국 사이에 일어난 전쟁. 계속 청으로 유출되는 은화(銀貨)를 영국이 다시 회수하기 위해 청에 아편을 밀거래한 것이 원인이다. 청나라가 패하여 난징조약을 맺음으로써 끝이 났다.

는 아니었다”는 것이다.

유럽과 미국의 정부는 종종 국가의식이 없는 세계주의자에게 지배당한다. 그들은 대통령이 되는 것도 수상이 되는 것도 아니고 정부를 배후에서 통제할 뿐이다. 그리고 그들의 의도를 실천하는 부대로서 대통령의 측근에 영향력을 미치는 사람을 심어둔다.

미국 대통령은 스스로 정책을 세우지 않는다. 측근들이 사전 준비를 해준다.

예를 들면 오랫동안 록펠러 가문의 수장 역할을 한 데이비드 록펠러(1915~2017)는 『회고록』에서 “나는 세계주의자이며 전 세계의 동료들과 함께 보다 통합적이고 글로벌한 정치 경제 구조, 즉 하나의 세계를 구축하려고 노력해왔다”고 서술하고 있다.

여기서 알아챌 수 있듯이 트럼프 대통령이 “미국은 미국인에 의해 통치된다”고 선언한 데에는 역사적인 의미가 있다. 트럼프는 지금까지 미국 정부가 미국인의 정부는 아니었다, 즉 미국 국민의 이익을 첫 번째로 생각하는 정부가 아니었다고 강조하고 있다.

　알아서는 안 되는 현대사의 정체

1962년 쿠바 위기

통설▶ 미국의 쿠바에 대한 내정불간섭과 교환해 소련이 미사일 기지를 철거했다.

역사의 진상▶ 소련의 실력이 과대평가되었다는 사실이 드러났다.

행사해서는 안 되는 본실력

1961년 제35대 미국 대통령에 취임한 존 F. 케네디는 미국이 가진 본래의 힘을 발휘하려고 노력한 흔치 않은 대통령이었다. 1962년에 일어난 쿠바 위기에 대한 대처를 보면 잘 알 수 있다.

소련이 미국에 매우 가까운 거리인 쿠바에 미사일 기지를 건설했다. 케네디 대통령은 해군을 동원하여 쿠바 봉쇄를 단행한다. 봉쇄란 쿠바의 항구나 해안으로 가는 교통 전부를 차단하는 것이다.

미국의 실력 행사에 소련의 니키타 흐루쇼프 서기장은 미사일을 실은 소련 선박을 해상 봉쇄선 바로 앞에서 회항시켰다. 미소의 맞대결은 이렇게 피하게 되었는데, 정통파 역사 해석은 진실을 전하지 않는다.

국제 금융 세력이 만든 동서 냉전 구조에는 기본적인 결함이 있었다. 미국과 대치하는 소련은 미국에 필적할 만한 실력을 가지고 있지 않다는 점이다. 따라서 냉전 체제를 유지하려면 소련의 열세를 밝혀서는 안 된다. 미국은 본래의 실력을 행사해서는 안 되는, 즉 소련을 쓰러뜨려서는 안 된다. 그런데 미국이 진지하게 실력 행사를 했기 때문에 소련의 허세가 드러나게 되었다. 이것이 쿠바 위기의 본질적인 의미이다.

케네디 대통령은 미국의 군사력을 정면에서 휘두르며 시위했다. 흐루쇼프는 양보할 수밖에 없었다. 그때까지 과대평가되었던 소련의 실력이 전 세계에 폭로되었다는 것이 쿠바 위기 전말의 본질이다.

"어느 특정 민족"의 사람들

케네디 대통령은 쿠바 위기 후, 소련과의 관계 개선에 나선다. 그러나 이는 곧 국제 금융 세력이 구축한 냉전 구조를 붕괴시키려는 것이었다.

『그로미코 회상록』에 따르면 1963년 11월에 케네디 대통령이 암살되기 두 달쯤 전, 소련 외무장관 그로미코는 케네디의 초청으로 백악관 발코니에서 단둘이서 이야기할 기회를 가졌다고 한다. 케네디는 미국 내에 미소 관계가 긴밀해지는 것을 좋아하지 않는 두 그룹이 있다

     알아서는 안 되는 현대사의 정체

고 말을 꺼냈다.

케네디가 말하는 두 그룹 중 하나는 이념적인 관점에서 관계 개선에 반대하는 사람들이다. 어느 나라에서나 볼 수 있는 반공 세력이다. 또 하나의 그룹은 "어느 특정 민족" 사람들로 그들은 어떠한 때에도 소련이 아랍인을 옹호하고 있으며, 이스라엘의 적이라고 믿어 의심치 않는 그룹이다. 이 그룹은 때마침 미소 두 나라의 관계를 개선하기 위한 노력을 어렵게 만들 효과적인 수단을 가지고 있다고 한다. 그로미코 자신이 "어느 특정 민족"이란 유대인 압력 단체를 가리킨다고 주의 사항을 적고 있다.

그로미코는 케네디 암살 소식을 접했을 때 "스스로도 이유를 모르겠지만 백악관 발코니에서 있었던 둘만의 회담을 떠올렸다"고 회상하고 있다. 그로미코는 유대인 압력 단체가 케네디를 암살한 것은 아닐까 생각하고 있었다. 케네디가 지적한 미소 관계 개선을 저지하는 '효과적인 수단' 중에 암살이 포함되어 있었다고 암시하고 있는 것처럼 받아들여진다.

1973년 제4차 중동전쟁과 석유 위기

통설▶ 아랍 산유국들이 이스라엘을 지원하는 여러 나라에 원유 수출 금지 조치를 취했다.

역사의 진상▶ 미국 대통령 보좌관 헨리 키신저가 석유 가격 급등 시나리오를 썼다.

키신저가 미숙하게 판단 실수를 한 이유

중동전쟁이란 팔레스타인을 둘러싼 아랍 여러 나라들과 이스라엘 사이의 충돌을 가리키는 통칭이다. 제4차 중동전쟁은 1973년 석유 위기(오일쇼크)의 발단이 되었다. 같은 해 10월에 이집트군이 시나이반도, 시리아군이 골란 고원에서 일제히 이스라엘군을 공격하며 시작되었다.

키신저는 닉슨 정권의 국가안전보장문제 담당 대통령 보좌관이었다. 키신저의 회상록 『격동의 세월(Years of Upheaval)』(일본 번역서 『키신저—격동의 시대(キッシンジャー激動の時代)(1~3권)』, 요미우리신문조사연구본부 역, 쇼가쿠칸, 1982)을 읽으면 키신저의 책략을 알아차릴 수 있다. 키신저는 자화자찬이 많은 인물이지만, 유일하다고 할 수 있는 실패담으로 석유 위기의 빌미가

된 제4차 중동전쟁을 일으킨 이집트와 시리아의 이스라엘 공격을 예측하지 못했던 것을 들고 있다. 키신저 같은 프로 정보원으로서는 초보적인 실수로 매우 이상하게 들린다.

키신저는 다음과 같이 정보 판단을 잘못했다고 반성하고 있다. "소련 군인의 가족이 이집트, 시리아에서 대피하기 시작한 것을 두 나라에 대한 이스라엘의 공격이 임박했기 때문이라고 판단했다", "그러나 이스라엘의 공격을 가정했다면 소련은 미국에게 이스라엘에 자제하도록 압력을 가할 것을 부탁하면 그만일 것이다", "이집트, 시리아가 이스라엘을 공격할 준비를 하는 것을 알고 있었기 때문에 소련은 군인 가족을 대피시켰다". 이 점을 놓쳤다.

지나치게 미숙한 판단 실수이다. 이런 일을 기록으로 남겨두었기 때문에 무엇인가가 숨겨져 있는 것은 아닐까 하는 의혹을 낳게 된다. 현재는 이집트와 시리아가 이스라엘을 공격하게 하여 이스라엘이 팔레스타인을 점령하고 있음을 구실로 OPEC(아랍 산유국을 중심으로 하는 석유수출국기구)이 석유 수출 금지나 가격 인상을 단행한다는 시나리오를 키신저가 썼다는 설이 유력하다.

석유 가격은 단번에 여섯 배로 폭등했다. 미국의 석유 재벌이나 그 배후에 있는 금융 자본가들은 당연히 많은 수익을 얻었다. 비용 상승에 허덕이던 로열더치셸[47]의 북해 유전은 원유 가격 폭등 덕분에 채산이 맞게 되었다.

이란의 팔레비왕조[48]는 OPEC 회의에서 원유 가격의 400퍼센트 인상을 강력하게 요구했다. 사우디아라비아의 야마니 석유광물자원장관이 그 이유를 묻자 "키신저에게 물어보라"고 대답했다고 한다. 석유 위기에서 누가 이익을 얻었는지를 생각해보면 국제 금융 세력의 대리인인 키신저가 시나리오를 썼다는 설에 고개를 끄덕이게 된다. 이 일을 전 FRB 회장 그린스펀이 사실상 인정하고 있다.

---

47 네덜란드와 영국 합작의 다국적 석유 기업으로 로스차일드가와 역사적 인연이 있다.

48 페르시아(이란)를 통치하던 카자르왕조의 군인 레자 샤 팔레비가 1921년 쿠데타로 정권을 잡고 왕위에 오르면서 팔레비왕조가 시작되었다. 1979년 이슬람혁명으로 무너졌다.

미국에 석유 위기가 필요했던 이유

미국의 경제학자이며 여러 해에 걸쳐 FRB 회장을 지낸 앨런 그린스펀이 회상록 『파란의 시대(波乱の時代)(상하권)』(야마오카 요이치·다카토 유코 역, 일본경제신문사, 2007)[49]에서 미국이 석유 위기를 연출할 필요가 있었던 이유에 대해서 언급하고 있다. 미국은 산유국이다. 일찍이 미국의 원유 생산량은 세계의 반 이상을 차지하고 있었다. 미국은 1971년 원유 가격 결정력을 상실한다. "갑자기 가격 결정의 중심이 옮겨갔다. 처음에는 중동의 대규모 산유국으로, 최종적으로 세계화 시장의 힘으로"라고 그린스펀은 쓰고 있다.

미국은 상실한 원유 가격 결정력을 되찾기 위해 손을 써야 했다. 최종적으로 옮겨간 세계화된 시장의 힘은 월가나 런던 시티의 금융 자본가의 힘, 그 자체일 것이다. 국제 금융 세력은 석유 위기를 통해 궁극적으로 아무도 억제하지 못하는 원유 가격 결정권을 획득했다.

---

49 한국어판 『격동의 시대』, 현대경제연구원 역, 북앳북스, 2007.

1989년 베를린장벽 붕괴

통설▶ 소련은 내부 모순으로 붕괴, 냉전 체제 종언을 상징하는 사건이었다.
역사의 진상▶ 소련은 존재할 필요가 없어졌기 때문에 그대로 버려졌다.

해체된 소련

미국이라는 국가를 피폐하게 만들기 위한 베트남전쟁을 거치면서 미국은 대부분 세계주의자들의 뜻대로 국가의식이 희박해졌다. 이는 소련의 존재 이유가 없어졌음을 의미한다. 이에 소련 해체로 가는 길이 시작된다.

1979년 소련은 아프가니스탄을 침공했다. 다음 해에 모스크바 올림픽이 개최되었는데 미국과 일본을 비롯한 많은 서방 국가들이 참가를 보이콧했다.

그리고 1981년 미국에서 로널드 레이건 정권이 탄생한다. 신자유주의가 대두되기 시작한 시기가 레이건 대통령의 시대였다. 이 무렵 소련이 쇠퇴하기 시작했다.

1985년 미하일 고르바초프가 소련의 공산당 서기장에 취임하고 페레스트로이카(개혁)와 글라스노스트(개방)를 시작한다. 개혁과 개방이라는 두 가지 정책에 따라 소련은 내부에서부터 붕괴가 시작된다. 미국은 국제 원유 가격을 하락시켜 석유 수출 수익에 의존하는 소련의 해체를 앞당겼다.

1986년 체르노빌 원자력 발전 사고가 발생한다. 사고를 은폐했기 때문에 많은 인명이 죽고 소련 당국에 대한 비난이 공산주의 체제 자체에 대한 비난으로 격화되었다.

1989년 동독의 여행 허가에 대한 출국 제한 완화 발표 계기로 베를린장벽에 시민들이 모여들어 장벽을 부수었다. 그 영상은 전 세계에 실시간으로 방송되었다.

가장 큰 의문은 미국과 세계를 양분할 정도로 대국이었던 소련이 왜 고르바초프가 출현한 지 불과 6년 후인 1991년, 거의 혼란이 없는 채 무너지고 말았는가 하는 점이다.

고르바초프가 해체를 앞당겼다

소련이 내부 모순이 아닌 외부 힘에 의해 해체되었기 때문에 혼란다운 혼란이 일어나지 않은 것은 아닌가 하는 생각이 든다. 무엇인가 통일된 의도가 배후에서 작용하고 있었던 것처럼 느껴진다.

석유 가격은 석유 시장을 지배하고 있는 세력이 마음

대로 조작할 수 있다. 소련을 붕괴시키기 위해 가격을 폭락시킬 수 있다. 체르노빌 원자력 발전 사고에 모략적인 요소가 있었는지는 모르겠지만, 인위적인 사고였음은 확실하다. 페레스트로이카와 글라스노스트는 공산주의 시스템을 부정하는 듯한 자살적인 정책이었지만, 유혈의 혼란도 없이 체제가 이행되고 있다.

1991년 8월 공산당 수구파가 쿠데타를 일으켰다. 크림반도에서 휴가 중이던 고르바초프를 감금하고 사임을 강요했지만, 결국 풀려나서 옐친이 준비한 비행기를 타고 모스크바로 귀환했다. 이 시점에서 고르바초프는 사실상 권력을 잃고, 옐친 주도로 소비에트연방의 붕괴와 각 공화국의 독립으로 이어졌다.

소박한 의문은 중앙계획경제인 소련 체제가 막혔다고는 해도 왜 고르바초프는 체제 부정으로 이어지는 페레스트로이카와 글라스노스트를 급격히 감행했을까. 상식적으로 생각하면 고르바초프에게는 공산주의 체제를 붕괴시켜도 관계없다는 저의가 있었다고 보인다. 고르바초프의 개혁 노선을 미국, 영국, 서독 등 서방 여러 나라들이 지지했는데, 배후에 무엇인가 있다고 보는 것이 자연스럽다. 다음 장에서 자세히 살펴보도록 하겠다.

제3장
네오콘이라는
금융 마피아의
암약
1990~2015년

학교 교육에서 배우는 역사 개설
1990~2015년

냉전은 종결되고 동유럽 사회주의국가들의 소멸 및 소련 해체의 결과 자본주의의 우위가 강조되는 시대를 맞이한다. 미국의 군사적 패권이 유지된 채 무역과 금융·정보의 자유화를 지향하는 세계화 움직임이 강해졌다.

세계화 아래에서 정보통신 혁명이 진전되고 다원적인 네트워크가 구축되었다. 그에 따라 2008년 금융위기처럼 한 나라의 위기가 곧 전 세계의 위기로 파급될 위협도 크게 늘었다.

세계화는 사람들 움직임의 세계화도 추진한다. 사람들의 이동이 세계적으로 활발해지면서 선진국에서는 이민자에게 일자리를 빼앗긴 장기 실업자의 증가로 새로운 빈곤층이 만들어지기 시작했다. 일부의 이민 배척운동도 이미 시작되고 있었다.

공업화의 물결은 중국과 인도 등 개발도상국이라고 불려온 나라에도 확대되었다. 새로운 경제 대국이 출현했다. 유일하게 초강대국이 된 미국도 그 힘만으로 전 세계의 통일 기준, 즉 세계화를 설정할 수 있는 것은 아니며 유럽 여러 나라와 일본이라는 경합지역에 더해 경제 대국이 된 중국과 인도의 새로운 도전을 받게 된다. 한편, 아시아와 아프리카의 최빈국의 상황은 개선되지 않은 채 그대로 있었다.

또한 지역 통합 강화가 요구되기 시작했다. 유럽공동체(EC)는 유럽연합(EU)으로 성장하고 공통 통화 유로를 발행한다. EU는 또한 동남아시아국가연합(ASEAN), 아시아태평양경제협력체(APEC), 북미자유무역협정(NAFTA) 등과 경제협력을 강화했다. 여러 국제기구와 국경을 초월한 비정부기구(NGO)의 활동이 활발해지는 것도 시기를 같이하고 있다.

국가 간 분쟁은 확실히 감소했다. 그러나 그에 반비례하듯 중동이나 아프리카에서 지역 내 분쟁이나 국제적인 테러 활동이 증가했다. 2001년 9월 11일 미국에서 발생한 동시다발 테러는 그것을 상징하는 사건이었다. 21세기에 들어오면서 다양한 분야에서 세계화가 진행되어가는 것은 피할 수 없는 만큼 국제연합(UN) 같은 국제기구가 여러 나라들 사이에서 이해를 조정하고 평화적으로 분쟁을 해결해 나가는 노력이 필요해졌다.

지구온난화 방지 같은 지구환경에 대한 보호도 또한 강하게 제기되기 시작했다. 지구환경 보호에는 한 나라 단위가 아니라 세계적인 국제 협력이 요구되고 있는데, 선진국과 개발도상국의 의견 대립도 표면화되었다. 각국 정부, 국제기구, NGO 등 다양한 주체들이 다각적인 협력 관계를 구축해야 하는 시대이다.

1990~1991년 소련 붕괴

**통설▶ 독립국가연합의 성립으로 소련은 존재 의의를 상실했다.
역사의 진상▶ 세계주의자가 고르바초프, 옐친을 지원해 소련을
해체했다.**

적국 소련이 필요 없어진 미국

1991년 8월 연방 유지를 주장하는 보수파가 쿠데타
를 일으켰지만 실패하고 우크라이나와 아제르바이잔 등
대부분의 공화국이 연방에서 이탈, 소련공산당도 해산
한다. 같은 해 12월 보리스 옐친을 대통령(7월에 취임)으
로 하는 러시아연방, 즉 구소련의 러시아공화국을 중심
으로 우크라이나와 벨라루스 등 11개 공화국이 독립국
가연합(CIS)을 결성하면서 소련은 해체하게 되었다.

붕괴하기 전해인 1990년 3월 미하일 고르바초프가
소련에서 최초이자 마지막 대통령에 취임했다. 처음이
자 마지막이라는 것은 그 지난달에 공산당이 일당독재
를 포기했기 때문에 '소련의 대통령'은 역사상 고르바초
프 단 한 명이다.

고르바초프는 우연히 등장한 것은 아니다. 퇴진 후,
고르바초프는 소련 붕괴 직후에 고르바초프재단이라고

불리는 국제사회경제·정치연구기금을 만들었다. "세계 통일 정부를 만들자"고 호소하며 활동한다. 소련과 같은 독재국가의 정상이었던 인물이 스스로의 의지만으로 NGO 활동을 하는 것은 보통 있을 수 없다. 세계 통일을 목표로 하는 국제 금융 세력이 고르바초프를 지원했던 것은 틀림없다.

옐친 시대, 미국의 금융 자본가들은 염원하던 천연자원 이권을 손에 넣었다. 한편 미국에서는 신자유주의자들이 정권을 좌지우지하고 있었다. 신자유주의란 자본주의 아래에서의 자유 경쟁을 철저하게 중시하는 사고방식이다. 신자유주의자는 정부가 민간에 개입하는 것을 강력히 반대한다. 이 신자유주의에 의해서 양극화 사회가 생겨나 금융 세력이 더욱더 국민을 착취하기 쉬운 상황이 되었다.

신자유주의 아래에서 세계를 통일하는 데 적국 소련이 필요 없어졌다. 소련 붕괴는 쓸모가 없어진 소련을 해체하고 신자유주의 국가로 이행시키는 작업이었다. 고르바초프의 사명은 이 이행을 원활하게 진행하는 토양을 정비하는 데에 있었다.

신생 러시아에 진출한 미국의 신자유주의자

소련 붕괴 후 러시아에 미국의 신자유주의자가 진출했다. 하버드대학의 제프리 삭스 경제학 교수를 수장으로 하는 시장 민영화 팀이다.

이 팀은 '충격 요법'을 실천했다. 강제적으로 시장경제원리를 도입했다. 그 결과 러시아의 물가는 '시장가격'을 반영하여 급격히 폭등하고 물가 상승률이 80배에 달하는 하이퍼인플레이션이 일어났다. 러시아 국민은 빵 같은 기본 생활 물자조차 구입하기 힘들어졌다. 일본에서도 지원 운동이 일어났는데, 컵라면을 보내는 것은 좋지만 물을 끓일 가스가 부족해서 먹을 수 없었다는 등 웃으려야 웃을 수 없는 사태도 있었다.

러시아 정부는 국가 재정 재건을 위해서 IMF(국제통화기금)의 지원을 요청하지 않을 수 없었다. IMF의 처방전은 민영화 청부 국제금융기관이라고 야유하고 싶을 정도로 민영화 한길이었다. 러시아는 공산주의 경제에서 시장경제로 이행하는 실험장으로 IMF가 확실히 실력을 보여주어야 할 곳이었다. 그러나 결과적으로 충격 요법과 IMF의 민영화 처방전은 대실패로 끝난다.

또 하나의 큰 실패가 있다. 국영기업의 민영화를 실

현하기 위한 '바우처 방식'이라고 불리는 정책이다. 바우처란 일종의 '민영화 증권'으로, 바우처를 모아 기업 설립 자금으로 하거나 혹은 바우처로 민간 기업의 주식을 사라는 정책이다.

공산주의 사회에서 살아온 러시아 사람들은 민영화라는 의미를 이해하지 못했다. 결국 일부 사람들이 바우처 방식의 미비점을 악용하여 무지한 소유자로부터 헐값에 바우처를 사 모으고, 기업을 설립한다. 러시아의 민간 기업과 은행은 이렇게 성장했다.

바우처 방식을 활용하여 생겨난 러시아의 민간 은행가들은 재정 적자로 고민하는 정부에 융자를 제안한다. 정부에 융자하는 것이야말로 많은 금융 자본가를 낳는 메커니즘이다. 러시아 정부는 두말없이 융자를 받았는데, 그 담보가 천연자원 국영기업이었다. 러시아 정부는 빌린 돈을 갚지 못했다. 이렇게 해서 러시아의 석유와 광물자원 등이 민간 은행가의 소유가 되었다.

옐친 대통령은 러시아에서는 인기가 없었지만
유럽과 미국에서는 큰 인기

정부에 돈을 빌려주고 국영기업을 손에 넣은 은행가

들은 신흥 재벌로 러시아 경제 사회의 다양한 분야를 지배하게 된다. 이 신흥 재벌이 '올리가르히'다. 러시아 정치의 실질적인 지배자이다.

예전에는 민주화의 기수로 명성을 떨친 옐친 대통령은 올리가르히가 말하는 대로 했다. 국민의 반발을 사고, 지지율은 무려 0.5퍼센트까지 떨어졌다.

러시아 국민으로부터는 버림받았지만, 유럽과 미국에서 옐친 대통령의 인기는 흔들림이 없었다. 당연하다. 러시아 경제, 그중에서도 천연자원 국유기업의 민영화를 실현하여 유럽과 미국이 러시아의 천연자원을 탈취하는 길을 열었기 때문이다.

천연자원을 장악한 러시아의 민간 재벌은 완성되었다. 다음 단계는 유럽과 미국 자본과 러시아 자본의 합작이나 합병, 제휴이다. 이러한 상황에서 옐친에 이어 2000년 러시아 대통령이 된 블라디미르 푸틴이 이 흐름을 막았다.

일당독재가 남은 중국

소련은 해체되었다. 그렇다면 같은 공산주의 국가인 중국에는 어째서 공산당 일당독재 체제가 남겨졌을까.

1980년대 무렵부터 '개혁개방'에 의한 사회주의형 시장경제화를 목표로 해온 중국이지만, 천연자원이 없었다는 점에서 러시아와 가장 큰 차이가 있었다. 그러나 중국에는 엄청난 양의 값싼 노동력이 있었다. 국제 금융 세력은 이 노동력에 주목했다.

미국 기업이 기선을 잡고 일본, 유럽 등의 기업도 미국을 따라서 중국에 진출해 공장을 짓고 중국인 저임금 노동자에게 일을 시켰다. 중국은 눈 깜짝할 사이에 '세계의 공장'이라고 불리게 되었다. 일본에서는 대기업뿐만 아니라 중소기업까지도 저임금 노동력을 찾아서 중국으로 몰렸다. 그 결과 일본의 제조업은 공동화되고 디플레이션 경제에 돌입한다. 소위 '잃어버린 20년'은 중국의 저임금 노동이 원흉이다.

노동자를 효율적으로 관리하기, 공장 부지를 신속하게 준비하여 정비하기, 공장 폐수로 인한 환경오염을 사회 문제화하지 않기 등 순조롭게 공장을 가동시키려면 민영화 경제 체제보다도 중국공산당의 독재 체제가 도움이 되었다. 러시아에는 민영화 노선을 취했지만, 중국에는 공산당 정권을 남긴 이유를 알 수 있겠다.

1991년 걸프전쟁

통설▶ 이라크가 쿠웨이트를 침공하자 다국적군이 파견되었다.
역사의 진상▶ 걸프전쟁은 세계를 '하나의 세계'로 만들 기회로
여겨지다.

세계의 전쟁에 관여하는 네오콘의 의도

먼저 네오콘이 무엇인지를 설명하겠다. 1960년대 미
국에서 세력을 키우기 시작한 것이 '네오콘=네오컨서버
티즘(neoconservatism)'이다. 일본에서는 '신보수주의'
로 번역된다.

네오콘도 국제 금융 자본가의 흐름에 속하는 갈래이
다. 네오콘의 창시자 중의 한 사람으로 꼽히는 정치학자
노먼 포드호레츠는 "네오콘은 원래 좌익이며 자유주의
적인 사람들이 보수로 전향했으니까 '네오(neo)'이다"
라고 말했다. 그러나 이 설명은 옳지 않다. 보수로 변화
한 것이 아니라 신보수를 자칭하고 있을 뿐이다. 신보수
라 칭함으로써 정체를 숨기고 있다고 말할 수 있다. 네
오콘의 정체를 알 수 있는 일례로 미국의 저명한 저널리
스트로 알려진 월터 리프먼(1889~1974)을 소개한다. 리
프먼도 네오콘 중 한 사람이었다. 리프먼은 윌슨 대통령

   알아서는 안 되는 현대사의 정체

의 측근으로 활약했을 무렵(1910년대 후반)에는 사회주의자였지만, 그 후에 자유주의자가 되고 만년에는 네오콘이 되었다. 마치 좌익부터 우익까지 경험한 것처럼 보이지만, 그게 아니라 사회주의자도 자유주의자도 네오콘도 공통 사항은 국제주의이다. 네오콘의 본질은 국제주의(國際主義)이며, 사회주의(공산주의)와 같은 사상을 신봉하고 있다. 이러한 리프먼의 사상적 편력은 이하에서 보는 바와 같이 네오콘의 역사와 겹친다.

본래 네오콘의 사상은 '사회주의를 확산시켜 세계에서 국경을 없애고 하나의 세계로 만드는 것', 즉 '세계 통일 정부 수립'이다. 1917년 러시아혁명을 추진한 레프 트로츠키가 주장한 사상인데, 트로츠키는 일국사회주의를 주장하는 스탈린에 의해 추방당하고 망명지인 멕시코에서 암살되었다. 이 사상을 계승한 트로츠키주의자들은 제2차 세계대전 후, 미국 사회당의 민주당 통합을 주도하면서 '사회주의' 간판을 내리고 '자유와 민주주의'로 바꿔 달았다. 스스로를 "진보주의자"라고 칭하고 자유주의 개념을 내세우기 시작했다.

전후, '하나의 세계가 정의다'라는 세계화 확산의 중심 거점이 되었던 곳이 '프롤레타리아 하버드'라고 불리던 뉴욕시립대학 시티칼리지이다. 하버드를 비롯한 아이비리그 사립대학이 유대계 미국인이나 유색인종에게는 배타적인 입시를 실시하고 있었던 데에 비해 뉴욕시립대학은 널리 문호를 개방했다.

브루클린의 유대계 젊은이들 대부분이 뉴욕시립대학에 진학하고 컬럼비아대학에서 공부해 사회학자나 정치학자, 법률학자, 문예평론가, 그리고 언론인 등 사회의 중심으로 진출했다. '뉴욕 지식인'의 탄생이다. 지식인의 대명사가 자유주의자였던 셈이다.

진보주의자에서 뉴욕 지식인(자유주의자)으로 꼬리표를 새로 붙인 사람들은 미국 사회의 구석구석에 침투하고, 그중에서도 민주당 좌파계인 카터파가 1960년 무렵부터 '네오콘'이라고 불리게 되었다. 그 후 케네디 대통령의 소련에 대한 융화정책에 반발하여 공화당으로 옮겨갔다.

네오콘의 진출이 특히 두드러진 분야가 미국의 군사와 외교이다. 네오콘은 "자유민주주의는 인류 보편의 가치관이다"라는 슬로건 아래 국제간섭주의 외교를 추진하며 존슨 정권(1963~1969) 이후 세계의 전쟁에 차례차례 관여하게 된다.

 알아서는 안 되는 현대사의 정체

신세계 질서 수립을 향해서

네오콘의 '전쟁 관여' 전략은 동서 냉전이 끝난 후에도 이어졌다. 그 시작이 1991년 1월 17일 미국 중심의 다국적군이 이라크를 공중폭격한 '걸프전쟁'이다.

걸프전쟁은 국제 금융 세력의 세계 전략이 공표된 전쟁이라고도 할 수 있다. 당시 미국 대통령은 아버지 부시였다. 부시 대통령은 이라크군이 쿠웨이트를 침공한 직후 의회에서 연설을 하며 유엔 아래서 국제 협력을 통한 신세계 질서(New World Order)가 생겨나려 한다고 말했는데, 이 세계 신질서는 세계를 하나의 세계로 만드는 것을 의미한다. 이어서 부시 대통령은 1991년 연두교서에서 걸프전쟁은 신세계 질서라는 오래 기다린 약속을 이행하기 위한 기회를 제공했다고 분명히 언급했다. "오래 기다린 신세계 질서"라는 언급 방식에 국제 금융 세력의 하나의 세계 구상이 점점 실현을 향해서 움직이기 시작했다는 고양된 분위기가 느껴진다. 더욱이, "문제는 쿠웨이트라는 소국에 있지 않고 위기에 직면한 것은 새로운 세계 질서이다", "전 세계에서 미국만이 높은 도덕성을 가지고 그것을 실현으로 옮길 수 있을 만큼의 힘을 갖추고 있다"고 소리 높여 선언했다.

부시 대통령은 걸프전쟁의 목적이 제2·제3의 후세인의 출현을 막는 데 있다고 밝혔다. 미국은 신세계 질서를 실현하기 위해서는 전쟁뿐만 아니라 다른 나라의 정치체제에도 적극적으로 관여하겠다는 것이다. 뒤에서 이야기하겠지만, '동유럽 색깔혁명'이나 '아랍의 봄'을 예언하는 연설이었다.

그런데 걸프전쟁도 미국이 이라크의 후세인 대통령에게 쿠웨이트 침공이라는 미끼를 뿌린 전쟁이었다. 당시 이라크는 오랜 세월에 걸쳐 이란과 전쟁을 하며 쿠웨이트에서 전쟁 비용을 빌리며 의지하고 있었다. 그러나 쿠웨이트와 석유 이권과 대출금 상환 등을 둘러싸고 대립이 생기고 쿠웨이트의 국경을 따라 이라크군이 집결하는 사태가 벌어졌다. 이때 이라크에 주재하는 에이프릴 글래스피 미국 대사는 후세인 대통령에게 미국은 이라크와 쿠웨이트 국경 문제에는 관심이 없다고 전달했다. 이 회담 바로 뒤에 이라크가 쿠웨이트를 침공하여 점령하고, 다국적군이 군사 공격을 하게 되었다.

　　　　　　　　　　　　　　　　알아서는 안 되는 현대사의 정체

1994년 김일성의 핵합의

통설▶ 북한의 비핵화를 목표로 하는 6개국 협의의 틀이 도입되었다.
역사의 진상▶ 네오콘은 북한이 핵을 보유하는 것을 계속 묵인했다.

강한 태도를 보이지 않았던 미국

1987년부터 1992년에 걸쳐 소련식 원자로 2개를 가동시키면서 북한의 핵개발이 현실적으로 시작되었다고 알려져 있다. 당시 빌 클린턴 미국 대통령은 유엔안보리에 대북제재 결의를 제출하는 동시에 5만 명의 미군 병력과 400기의 전투기를 한국으로 보내는 계획에 착수했지만 그 움직임은 도중에 멈췄다.

그리고 1994년 6월 지미 카터 전 미국 대통령 일행이 평양을 방문해 김일성 주석과 회담을 했다. 북한이 원자로 가동을 정지하는 대가로 핵무기용 플루토늄을 추출할 수 없는 경수로를 서방이 지어주겠다는 화해안인 '김일성 핵합의'가 이루어졌다. 일본은 경수로 건설 비용 같은 자금만 보냈다.

북한은 핵개발을 하지 않겠다고 약속했음에도 불구

하고 그 후로도 뒤에서 핵개발을 계속했다. 2009년에
는 조선중앙통신이 핵실험에 성공했다고 당당히 공표,
2013년에 1회, 2016년에 2회, 2017년에 1회 핵실험을
실시하고 공표했다.

그러나 조지 W 부시도 버락 오바마도 북한에 대해서
어떤 강한 태도를 보이지 않았다. 왜 그랬을까. 동서 냉
전 이후부터 오바마까지 역대 미국 대통령을 지지해온
국제 금융 자본가들의 지배하에 있는 네오콘이 북한의
핵 보유를 애써 묵인하고 있었기 때문이라고밖에 생각
할 수 없다.

이러한 이야기는 '음모론'이라고 해서 끝내기 쉽다.
지나치게 현실을 보지 않는, 미디어의 보도에 세뇌된 사
람들에게 자주 나타나는 반응이다. 미국이 정말로 북한
의 핵을 위협이라고 느꼈다면 '약속 위반'이라고 하며
압도적인 군사력으로 북한을 공격했을 것이다.

하나의 세계 수립을 위한 시나리오

2003년 이라크의 후세인 대통령은 실제로 핵무기를
보유하고 있지 않았음에도 불구하고 CIA의 거짓 정보에
바탕을 둔 미국이 군사 공격을 가해 실각했다. 이라크의

 알아서는 안 되는 현대사의 정체

핵무기가 미국에 어느 정도 위협이 되었는지는 검증되어야 하겠지만, 이라크에 대한 태도와 북한에 대한 태도의 차이는 어디서 온 것일까.

미국이 북한의 핵 보유를 묵인한 목적은 한반도에서 긴장을 고조시키고 동아시아에 혼란을 일으키는 트러블 메이커로 북한을 사용하려는 데에 있다. 하나의 세계를 수립하기 전에는 세계를 큰 혼란에 말려들게 할 필요가 있다고 그들은 생각한다. 그 일환으로 동아시아에서 혼란을 일으키고 싶을 때는 북한을 이용한다는 시나리오이다. 이 북한 시나리오는 오바마 대통령까지는 존재하고 있었다. 정권의 중심에는 "미국은 북한의 핵은 인정한다", "다만 미국에 도달하는 ICBM(대륙간탄도미사일) 개발은 막는다. 그렇게 손을 쓰면 된다"고 공언하는 사람들이 적지 않게 존재한다. 특히 미국의 미디어는 이것으로 미국의 안전보장은 담보된다며 북한의 핵 보유를 인정하는 보도를 반복하고 있다.

이 시나리오대로라면 동아시아는 의도대로 큰 혼란에 빠지겠지만, 거기에 국제 금융 자본가들이 이용할 틈이 생긴다. 매우 네오콘다운 발상인데, 2016년 미국 대통령 선거에서 만약 힐러리 클린턴이 이겼다면 시나리오대로 될 가능성이 높았다고 생각한다.

나중에 자세히 설명하겠지만 도널드 트럼프가 대통령에 취임하면서 네오콘의 시나리오는 바꿀 수밖에 없었다. 트럼프는 미국의 실력을 배경으로 '핵 포기'인지 '대미 전쟁'인지 어느 하나를 선택하라고 김정은을 압박했다. 2018년 6월 김정은은 굴복하고 북미 정상회담에 응해야 했다.

2000년 푸틴의 대통령 취임

통설▶ 푸틴은 자원 수출로 경제성장을 실현했다.
역사의 진상▶ 푸틴은 유대계 졸부 재벌의 서방과의 결탁을 저지하고자 했다.

신흥 재벌의 푸틴에 대한 도전

옐친이 사임하고 대통령 권한대행으로 임명된 블라디미르 푸틴은 2000년 5월 선거에서 당선되어 정식으로 대통령에 취임했다. 당시 러시아에는 정치 경제적 실권을 쥐고 있던 7개의 재벌이 있었다. 이들 재벌을 이끄는 7명이란 보리스 베레조프스키(석유 회사 시브네프트, 러시아 공공 텔레비전 ORT 등), 블라디미르 구신스키(지주회사 메디아-모스트, 민영방송 최대 기업 NTV), 로만 아브라모비치(시브네프트 공동 소유), 미하일 호도르코프스키(메나테프은행, 석유 기업 유코스), 표트르 아벤(최대 민간 상업은행 알파은행 은행장), 미하일 프리드만(알파은행 창설자), 블라디미르 포타닌(주식회사 인테로스그룹, 광물회사 노릴스크니켈)이다. 포타닌을 제외하고 모두 유대인이다.

베레조프스키는 처음부터 옐친의 후임자로 푸틴을

선택했다. 푸틴의 지지 정당인 '통일러시아당'을 설립했을 정도였다. 푸틴을 옐친과 마찬가지로 통제할 수 있는 사람이라고 생각했다.

그런데 푸틴은 중앙집권적인 권력을 강화하고 권력의 분산을 방지하며 정치에 대해 외부에서 개입하는 길을 막았다. 베레조프스키는 푸틴을 다루지 못하고 그 후 영국으로 망명해 2013년 자살한 상태로 발견된다.

구신스키는 일찍부터 푸틴과 대결했다. 주요 미디어를 산하에 두고 있던 구신스키는 미디어를 동원하여 푸틴을 계속 비판했는데, 푸틴이 대통령에 취임한 직후에 횡령 사기 등의 죄로 체포되어 잠시 석방된 후, 스페인으로 망명했다. 구신스키 체포는 유럽과 미국 및 러시아 국내에서도 반발을 불렀다. 러시아에서 언론의 자유 문제를 상징하는 사건이었기 때문이다.

구신스키에 대한 평가에 반대하는 것은 아니지만, 언론의 자유를 중요하게 생각했다면 자금력을 바탕으로 많은 미디어를 지배하에 두는 것이 어땠을까 생각한다. 미디어의 독점은 언론의 자유를 위태롭게 한다. 구신스키는 분명 미디어를 통해 정권에 영향을 미치려는 의도가 있었다.

미국에 러시아의 국부를 넘겨주는 재벌

베레조프스키와 구신스키가 추방된 이후, 신흥 재벌의 정치 개입 문제는 수습되는 듯이 보였다. 아브라모비치는 현재 영국의 축구 명문 첼시를 소유하고 축구에 빠져 있다.

마지막까지 푸틴에게 저항한 인물이 미하일 호도르코프스키였다. 푸틴과 호도르코프스키의 대결은 2003년에 결전을 맞이한다.

푸틴은 석유 기업 유코스의 사장이었던 호도르코프스키를 탈세 혐의로 체포했다. 호도르코프스키는 시베리아의 형무소에서 복역하다 소치 동계 올림픽 바로 전해인 2013년에 특별사면이 이뤄져 스위스에서 망명 생활을 하고 있다.

실제로 탈세가 있었지만, 푸틴의 의도는 호도르코프스키가 푸틴에 도전하기 시작한 것에 있다. 호도르코프스키는 푸틴의 반대 정당을 지원하거나 스스로 대선 출마를 공표하였다. 재벌이 정치에 도전하는 듯한 도발 행위를 푸틴은 결코 용서하지 않았다.

게다가 유대계인 호도르코프스키는 당연히 유럽과 미국의 유대계 지도자들과 밀접한 관계에 있었다. 그중

한 사람이 영국의 제이콥 로스차일드 경이다. 호도르코프스키는 로스차일드 경과 공모하여 런던에 '오픈러시아재단'을 설립했다.

유럽과 미국에 러시아 시장을 개방하는 것이 재단의 목적이었다. 러시아 민족주의자인 푸틴에 대한 노골적인 도발이다. 호도르코프스키는 미국에도 사무소를 개설하고 유대인인 키신저를 이사로 초빙했다. 호도르코프스키는 국제적인 유대인 인맥을 의도적으로 활용했다.

푸틴이 결정적으로 체포를 결단하게 만든 일은 호도르코프스키가 소유한 석유 회사 유코스와 미국 석유 메이저와의 제휴 문제였다고 생각한다. 유코스는 시브네프트와 합병하고 세계 유수의 석유 회사가 된 후에 미국 석유 메이저인 쉐브론이나 엑손모빌에 40퍼센트에 달하는 주식을 매각하는 교섭을 계속하고 있었다.

이 움직임은 푸틴에게는 러시아 국가의 부를 미국 자본에 넘겨주는 행위로 비쳤다. 푸틴은 호도르코프스키를 체포하며 부의 유출을 막았다.

신냉전이 시작된 시기

'신냉전'이라는 말이 있다. 미국과 러시아의 새로운

냉전이다. 세계 주요 미디어의 해석에 의하면 일반적으로 2007년 2월 뮌헨 안보회의에서 푸틴 대통령이 미국을 비난하는 연설을 신냉전의 시작이라고 한다. "미국의 일방적인 행동은 문제를 해결하지 못하고, 인도적인 비극이나 긴장을 초래하고 있다"는 내용의 연설이다. 그러나 실제로는 2003년 호도르코프스키 체포 투옥으로 신냉전은 이미 시작되었다.

예전의 동서 냉전은 미소가 뒤에서 손을 잡고 있던 조작 냉전이었다. 2003년을 경계로 미국과 러시아는 진정한 의미의 냉전에 들어갔다. 진정한 의미에서라는 이유는 일찍이 미소 냉전 구조를 만들어내고, 미소를 배후에서 조종하던 세력이 러시아에서 제거되었기 때문에 미국과 러시아가 정면으로 대치하는 사태가 되었다. 즉 무력을 사용하는 전쟁(열전)으로 발전할 위험을 안고 있다. 2014년에 표면화된 우크라이나 위기도 미국과 러시아의 신냉전을 상징하는 사건 중 하나였다.

2001년 미국 동시다발 테러

통설▶ 걸프전쟁 후, 이슬람 급진파에서 고조된 강한 반미 감정이 원인이다.

역사의 진상▶ 세계적으로 대테러전쟁을 수행하기 위해 미국이 시나리오를 그렸을 가능성이 높다.

대테러 선전포고에 호응하여 확대되는 테러

정통파 역사 해설에 따르면, 2001년 9월 11일 미국에서 복수의 여객기가 납치되어 뉴욕의 세계무역센터 건물과 워싱턴의 국방부 청사(펜타곤)에 돌진하는 동시다발 테러 사건이 일어났다고 알려져 있다. 그 후, 미국이 동시다발 테러의 주모자 오사마 빈라덴을 숨겨주고 있다고 해서 아프가니스탄에 군사 행동을 시작해 탈레반[50] 정권을 타도한 것이 '대테러전쟁'이라고 불리는 전쟁이다.

그러나 이 테러가 정말로 이슬람 원리주의 단체 알카에다의 오사마 빈라덴에 의해 일어난 것인가에 대해서

---

50 '학생들'을 뜻하는 이슬람 무장 세력으로, 2021년 아프가니스탄을 다시 장악했다.

  알아서는 안 되는 현대사의 정체

는 현재에 이르기까지 논쟁이 계속되고 있다. 세계 정보 요원계에서는 9·11과 같은 대규모 테러를 일으키기 위해서는 정보기관의 관여가 없이는 불가능하다는 점에 생각이 일치하고 있다.

알카에다의 기원은 1980년대로 거슬러 올라간다. 미국 중앙정보국(CIA)과 파키스탄 삼군통합정보국(ISI), 사우디아라비아 정보총국(GIP)이 키운 조직이다. 즉 미국이 알카에다를 만들었다.

목적은 소련 대책이었다. 1979년 아프가니스탄에서 발생한 내전에 소련이 개입하여 소련군이 점령 지배했다. 소련 점령군과 싸우기 위해 CIA가 이슬람 의용병을 모아 훈련·육성하였다. 그중 하나가 알카에다로, 미국은 거액의 활동자금 및 대량의 무기를 공급하여 소련군과 싸우게 했다.

1989년 소련군이 아프가니스탄에서 철수했기 때문에 미국에게는 알카에다 같은 이슬람 과격파 조직은 이용 가치가 없어졌다. 그들은 깨끗이 잘라버렸다. 그 결과 알카에다는 국제 테러 조직으로 변모해 '반미'를 외치게 된다.

9·11 동시다발 테러를 당하고 부시 대통령은 '테러와

의 전쟁'을 선언한다. '미국은 상대를 테러 조직으로 단정함으로써 언제 어디서든 전쟁이 가능하다'는 뜻이다. 미국의 대테러 선전포고 덕분에 '테러와의 전쟁'은 대의명분이 되어 아무도 반대할 수 없는 면죄부를 얻게 되었다. 이후, 세계 각지에서 '테러와의 전쟁'이 전개되었다.

'테러와의 전쟁'의 이론적 근거는 미국의 네오콘 세력이 내세운 '미국 국방력 재건'이라는 제목의 보고서였다. 이 보고서는 폴 월포위츠(존스홉킨스대학), 로버트 케이건(카네기국제평화재단), 윌리엄 크리스톨(위클리스탠더드지), 엘리엇 코헨(존스홉킨스대학) 등 쟁쟁한 네오콘 논객들이 집필했다. 그리고 2000년 11월 대통령에 당선된 부시 주니어의 군사전략이 되었다.

미국이 21세기에도 계속해서 세계의 군사대국이라는 지위를 유지하기 위해서는 '새로운 진주만' 같은 사건이 필요하다고 서술되어 있었다. 일본군의 진주만 공격은 미국이 계획한 일이라는 역사 해석이 요즘 세계의 상식이 되어가고 있는데, 진주만 운운에는 미국의 모략이 엿보이는 뉘앙스를 띠고 있다.

   알아서는 안 되는 현대사의 정체

ISIS를 진지하게 공격하지 않은 미국

혼란이 계속되던 이라크에 ISIS(이라크와 시리아의 이슬람국가)라는 테러 조직이 갑자기 출현한다. 이 조직의 리더는 1971년생인 아부 바크르 알바그다디라고 하는데, 칼리프[51]를 자칭하고 2014년 6월에 국가 수립을 선언했다.

국가를 자칭하고는 있지만, 근원을 따져 보면 알카에다계 과격파의 흐름을 이어받은 이슬람 수니파의 한 집단이다. "칼리프 제도의 부활"을 목표로 영국, 프랑스의 식민지 지배하에서 제멋대로 그어진 국경선을 본래 모습으로 되돌리는 것이 목적이라고 알려져 있다.

ISIS는 후세인 정권 붕괴 후 이라크에 미국의 후원으로 성립된 시아파의 누리 알말리키 정권에 지하드(성전)를 선언했다. 이라크의 혼란은 더욱 심해졌다. ISIS는 시리아에도 급격히 세력을 뻗친다.

2014년 8월, 미국은 ISIS의 거점에 공습을 시작했다. 1년 동안 3000번의 공중폭격이었다. 다만 본격적으로

51　신의 대리인.

ISIS를 공격하려는 것 같지는 않은 허술한 공격이었다. 그 증거로 2015년 9월 말 친러·반미의 시리아 아사드 대통령을 지원하는 러시아가 공습을 시작하자마자 ISIS는 순식간에 괴멸 상태로 내몰렸다.

미국은 러시아 이상의 군사력, 특히 공군력을 가진 나라이다. 그런데 왜 ISIS를 제대로 공격하려고 하지 않았는가, 그 이유는 분명하다. 시리아의 혼란을 오래 끌고 싶었기 때문이다. 시리아에 대한 미국의 전략에 대해서는 나중에 다시 이야기하겠다.

2003~2006년 동유럽 색깔혁명

통설▶ 독재자로 알려진 지도자가 사임 혹은 타도되었다.
역사의 진상▶ 미국이 연출하여 친미 정권을 성립시켜 나갔다.

신냉전에서 미국의 반격

미·러의 '신냉전'은 러시아 대통령 푸틴이 미국 석유 기업과 제휴하려고 계획하던 호도르코프스키를 체포 투옥한 2003년에 시작된다. 이에 대해 미국은 러시아 주변에 있는 구소련 여러 나라들을 친미 정권으로 만들어가면서 반격에 나선다.

2003년 11월 조지아(그루지야)에서 '장미혁명'이 일어난다. 대통령인 에두아르드 세바르드나제는 원래 친미 노선을 취하고 있었는데 러시아의 압력에 친러로 변경해가고 있었다. 미국의 로펌 출신인 미하일 사카쉬빌리가 세바르드나제의 대항마로 의회 선거가 실시되었다.

결과는 세바르드나제의 여당 '신조지아(그루지야)'가 1위, 사카쉬빌리의 '국민운동'이 2위였는데, 선거에 부정이 있었다며 야당 세력의 시위가 발생한다. 시위대는 폭도로 변하고 그 결과 세바르드나제는 사임, 사카쉬빌리가 대통령에 취임했다. 이것이 '장미혁명'이라고 불리는데, 미국에 의해 연출된 혁명이었다.

조지 소로스라는 유대인 자본가가 전선에서 활약했다. 소로스는 옛 소련권 여러 국가에 민주화 및 시장경제화를 지원하는 '오픈소사이어티'라는 비정부기구(NGO)를 창설하고 인재 육성이나 자금 원조를 실시하고 있었다. 소로스는 조지아(그루지야)에 지부를 설립하고, 시장경제화를 지향하는 조지아(그루지야) NGO를 육성했다. 반정부 시위의 정체는 이 NGO이다.

부정선거라는 정보는 어디에서 나왔을까. 선거 감시를 맡은 미국의 조사회사가 투표소의 출구조사를 통해 사카쉬빌리 진영의 승리를 발표한 것에 근거한다. 공식 선거관리위원회의 발표는 세바르드나제 진영의 승리였다. 미국의 조사회사는 헛소문을 퍼뜨렸다.

모두 같은 유형의 색깔혁명

이후의 색깔혁명은 모두 이러한 유형으로 전개되고 미국은 친미 정권을 성립시켜 갔다.

2004년에는 우크라이나에서 '오렌지혁명'이 일어났다. 11월에 치러진 대통령 선거는 친러파인 야누코비치 수상과 유럽과 미국이 지원하는 유센코 전 수상의 대결

　　　　　　　　알아서는 안 되는 현대사의 정체

이었고, 결선투표에서 야누코비치 후보가 이겼다. 그런 점에서 부정선거라며 유센코파의 시위가 일어난다. 장미혁명과 같은 유형이다. 오렌지 시위의 배후에는 미국의 NGO나 유럽안보협력기구(OSCE) 등의 지원을 엿볼 수 있었다. 시위는 커지고 친서방파의 오렌지색 깃발에 우크라이나 전역이 점령당한 느낌이었다.

결국 재선거가 치러지게 되고, 유센코 후보가 이겼다. 미국의 뜻대로라면 선거는 정상인 셈이다.

다음 표적은 2005년 2월, 3월 키르기스스탄 의회 선거이다. 아카예프 대통령의 여당이 압승했지만, 부정선거라며 야당 진영이 시위를 벌인다. 아카예프 대통령은 러시아로 도망치고, 키르기스스탄의 '튤립혁명'은 이루어졌다. 이러한 일련의 색깔혁명 발생에 대항하여 푸틴 대통령은 미국과의 대결 자세를 강화한다.

푸틴의 반격

푸틴 대통령은 반격에 나선다. 2005년 5월 우즈베키스탄 동부의 안디잔시(市)에서 카리모프 대통령의 사임을 요구하는 대규모 반정부 운동이 일어났다. 카리모프는 무력으로 탄압한다. 미국은 민주화 세력에 대한 탄압

을 비난하고 국제조사단의 수용을 요구했는데 카리모프
는 이를 거부했다. 러시아가 카리모프를 지지했고, 혁명
은 실패했다. 미국은 2001년 아프가니스탄 전쟁 이후
우즈베키스탄에 주둔하고 있던 군대를 철수해야 했다.

2006년 벨라루스의 대통령 선거전에서 압승한 현직
알렉산더 루카센코에 대해 야당 진영이 부정선거를 호
소하며 시위를 벌였는데, 자금 부족으로 국민의 지지를
얻지 못하고 머지않아 진정되었다. 이에 미국이나 EU는
벨라루스에 제재를 가했지만 실제적인 효과는 전혀 없
었다.

러시아는 2006년에 'NGO 규제법'을 제정하고 러시
아의 NGO로 유입되는 외국 자금에 대한 규제를 강화한
다. NGO 활동에 대한 자유를 제한했기 때문에 유럽과
미국뿐만 아니라 러시아 국내의 서방파(대부분은 유대
계 러시아인)가 푸틴을 공격하기에 적당한 재료였다.
2012년 푸틴이 대통령에 재선되었을 때도 선거에 부정
이 있었다며 시위가 벌어졌지만 진전은 없었다. 'NGO
규제법'은 미국이 주도하는 색깔혁명을 사전에 방지하
기 위한 목적이었다.

                                          알아서는 안 되는 현대사의 정체

2011년 아랍의 봄

통설▶ 중동·북아프리카 지역의 각 나라에서 민주화 운동이 본격화되었다.

역사의 진상▶ 세속 정권을 타도하고 이슬람 과격파를 대두시키는 것이 목적이었다.

'테러와의 전쟁'이라는 이름 아래 미국이 개입

2010년부터 2011년에 걸쳐 튀니지에서 반정부 운동이 일어났다. 지네 엘 아비디네 벤 알리 대통령이 사우디아라비아로 망명하고 23년 동안 이어지던 정권이 붕괴된다. 튀니지를 대표하는 꽃이 재스민이었기 때문에 이 혁명은 '재스민혁명'이라고 불린다.

재스민혁명의 영향은 순식간에 아랍 여러 나라들로 확산되었다.

이러한 일련의 움직임에 대해서 미국 미디어가 붙인 이름이 '아랍의 봄(Arab Spring)'이다. '아랍에 자유와 민주주의가 실현된다'라고 부추겼지만 아랍 여러 나라들은 오히려 혼란만 가중되었을 뿐이다.

2011년 1월 이집트에서 대규모 반정부 항의 시위가 발생하였고 30년에 걸쳐 이어져 온 호스니 무바라크 대통령의 장기 정권이 붕괴되었다. 요르단에서도 반정부 시위가 고조되어 2월 사미르 리파이 총리 내각이 총사직했다.

바레인에서는 수도 마나마의 진주광장에서 열린 반정부 집회를 정부가 동원한 치안 부대가 강제로 진압하는 사태가 일어나게 되었다. 사망자가 발생한 시위였다.

카다피 대령의 독재 체제에 놓여 있던 리비아에서도 카다피의 퇴진을 요구하는 시위가 발생했다. 군은 시위 참가자들에게 무차별 공격을 감행하고 다수의 희생자가 나왔다. 리비아는 내전 상태가 된다.

리비아 내전에는 NATO도 군사 개입을 했다. 8월에 수도 트리폴리가 함락되고 42년 동안 유지된 카다피 정권은 무너졌다.

이러한 일련의 아랍 여러 나라들의 혁명과 소요, 내전에는 모두 미국이 개입하고 있다. 개입의 근거는 2001년 일어난 동시다발 테러에 따라 부시 대통령이 선언한 '테러와의 전쟁'이었다.

정리하자면 '아랍의 봄'이란 멀쩡한 세속 정권을 민주화 운동이라는 이름 아래 타도하고 무법 상태를 만들어 이슬람 과격파 테러 집단이 대두하게 만드는 것이 목적이었다. 튀니지에서는 일본인 관광객이 과격파 테러로 희생되었다. 이집트에서는 무슬림 형제단이 정권을 장악하자 테러가 횡행했다. 리비아는 카다피 아래서 누렸던 안정된 생활이 무너지고 각종 이슬람 과격파 단체가 날뛰는 무법국가로 전락했다. '아랍의 봄'의 목표였던 시리아는 현재까지 필사적인 내전이 계속되고 있고 다수의 난민이 EU로 몰려든 일은 우리의 기억에 생생하다.

2014년 우크라이나 위기

통설▶ 우크라이나 반정부 시위는 우크라이나의 민주주의자들이 시작했다.

역사의 진상▶ 우크라이나 반정부 시위는 푸틴을 실각시키기 위해 미국이 주도했다.

미국 국무차관보와
우크라이나 주재 미국 대사의 전화 회담

2013년 말 경제가 침체되어 있던 우크라이나 국내에서 반정부 시위가 발생했다. 친러파 정권과 친서방파 세력의 대립이 격화되고 친서방파에 의한 폭력적인 시위가 계속되는 가운데 이듬해인 2014년 2월 22일 빅토르 야누코비치 정권이 무너지고 야누코비치는 러시아로 도망갔다. 우크라이나 과도정부의 총리 아르세니 야체뉴크가 취임한다.

그에 반해서 러시아계 주민이 60퍼센트를 차지하는 크림(우크라이나 영내의 자치공화국)에서는 시위대가 지방정부 청사와 의회, 공항을 점거하고 크림 의회는 친러파인 세르게이 악쇼노프를 새 총리에 임명했다. 3월 11일에는 자치공화국 의회 및 러시아 해군 기지가 있는 세바스토폴 시의회가 크림 독립 선언을 채택한 후에 같은 달 16일에 주민투표를 실시, 러시아로의 편입을 압도적인 찬성으로 결정하고 크림 공화국으로 독립을 선언한다. 푸틴 대통령은 크림의 뜻을 받아들여 러시아 편입을 발표했다.

러시아의 크림 편입에 대해 미국이 강하게 반발한다. "친러파 자경단의 감시하에 실시된 주민투표는 민주적이지 않고 국제법 위반이다"라고 비난하며 러시아에 대한 경제제재를 단행한다. 그러나 미국은 애초에 야누코비치를 끌어내린 2013년 말에 발단된 시위가 쿠데타에 버금갈 정도로 폭력적이었다는 사실은 전혀 언급하지 않았다. 왜냐하면 미국이 우크라이나에서 반정부 시위를 주도했기 때문이다.

우크라이나 위기는 미국이 그린 시나리오에 따라 진행되었다. 결정적인 증거가 있다.

반정부 시위와 야누코비치 정권 측의 대응이 일진일퇴를 거듭하던 2014년 1월 28일에 미국의 빅토리아 눌런드 국무차관보와 제프리 피아트 주우크라이나 미국 대사의 전화 회담 내용이 동영상 사이트 유튜브에서 폭로되었다. 미국은 아직 야누코비치 대통령이 권좌에 있는 단계에서 야누코비치 정권 붕괴 후 새 정부 인사에 대한 협의를 하고 있었다. 두 사람은 과도정부의 총리로 야체뉴크를 지명하려고 의논했고 사실 그대로 되었다. 미국이 시나리오를 그렸다는 최고의 증거이다.

덧붙여 말하면 눌런드 국무차관보가 반야누코비치 시위대에게 쿠키를 나눠주면서 같이 시위하고 있는 영상이 세계 미디어에 회자되었다. 눌런드 차관보는 네오콘이며, 남편은 네오콘의 논객인 로버트 케이건이다. 눌런드의 행동은 네오콘이 반정부 시위를 연출했다는 사실을 있는 그대로 증명하고 있다.

21세기의 '러시아혁명'

우크라이나 헌법에는 "대통령을 교체하려면 의회의 탄핵 재판이 필요하다"고 정하고 있다. 다시 말하면 과도정부는 설령 야누코비치 대통령이 도망쳤다고는 하지만 위헌 상태에서 성립된 정권이었던 셈인데, 미국은 그 점에 대해서 전혀 언급하려고 하지 않는다. 우크라이나 위기라고 불리는 일련의 시위 소동은 결코 민주화 운동이 아니라 푸틴 실각을 노린 국제 금융 자본가의 실전 부대인 네오콘이 관여한 쿠데타라고 생각된다.

애초에 유럽과 미국의 미디어가 우크라이나에서 격화된 반정부 시위를 부추겼다. 당시 야누코비치는 친서방파가 요구하던 EU와의 연합 협정에 서명하기 위해 계속 노력하고 있었다. 그에 반해 오히려 EU가 여러 조건을 제시하며 복역 중이던 야누코비치의 정적 율리야 티모셴코 전 총리의 석방을 요구하는 등 서명의 문턱을 높이고 있었다.

유럽과 미국의 미디어는 그러한 사실을 전혀 전달하지 않고 "야누코비치가 협정 서명을 거부한 것이 시위의 원인이었다"고 일방적으로 계속 보도했다. 유럽과 미국의 미디어에게 야누코비치를 철저하게 추궁하는 효과가 특별히 있다고는 생각되지 않는다. 이미 말한 오렌지혁명의 목적이 푸틴의 대미 태도에 대한 반발이었던 것과 마찬가지로 그들의 진정한 타깃은 푸틴 대통령이다.

유럽과 미국의 미디어가 퍼뜨린 "친러파 야누코비치＝악"이라는 구도는 러시아, 즉 "푸틴 대통령＝악"이라는 구도와 겹친다. 우크라이나 과도정부의 목적은 러시아계 주민을 우크라이나에서 몰아내는 것이었다. 그래서 많은 러시아계 주민들이 학살당했다. 러시아의 크림 병합은 러시아인 대학살의 참사를 미연에 방지하기 위한 목적이 있었다. 우크라이나 동부는 러시아계 주민이 30퍼센트 정도 살고 있는데, 일부 친러파가 우크라이나로부터 독립을 선언하고 현재에 이르기까지 내전이 이어지고 있다. 내전의 실상은 친러파, 우크라이나 정부 측 모두 용병에 의한 전투이다. 러시아 정부와 우크라이나 정부가 용병을 얼마나 통제할 수 있는지 의문이 없는 것은 아니다. 그렇기 때문에 과거 수많은 정부 간의 정전 합의에도 불구하고 전투는 여전히 종결되지 않았다.

이상에서 살펴본 바와 같이 우크라이나 위기의 본질은 푸틴의 말살이다. 우크라이나 위기에 숨겨진 목적은 러시아 애국자인 푸틴 대통령을 실각시키고 러시아를 글로벌 시장에 편입시키는 것이다. 진상을 숨기기 위해 우크라이나를 둘러싼 대대적인 위장 작전이 실행되고 있다. 세계에 푸틴을 실각시키기 위해 우크라이나를 희생시켰다고 알려져서는 좋지 않기 때문이다.

글로벌 시장화 세력, 즉 미국의 옷을 입은 국제 금융 세력이 네오콘이라는 실전 부대를 활용해서 우크라이나 위기를 빌미로 다시 러시아를 세력하에 두려고 계획하고 있다. 그런 의미에서 우크라이나 위기는 21세기의 '러시아혁명'을 노렸다고 할 수도 있다.

2015년 파리 동시다발 테러 사건

통설▶ 이슬람교도에 대한 공포심과 경계심을 더욱 안겨주게 되었다.
역사의 진상▶ '이슬람교도는 잔인하다'라는 인상을 주기 위한 네오콘의 가짜 깃발 작전이었다.

이슬람교도에 대한 증오를 부추기고 사회를 분단

2015년 11월 13일 프랑스 파리에서 발생한 동시다발 테러는 사망자 130명, 부상자 300명 이상이 나오는 대참사였다. 그 후로도 유럽과 미국뿐만 아니라 방글라데시와 인도네시아, 필리핀 등에서도 테러가 발생하고 일본인도 희생되었다.

이러한 사건이 알려질 때마다 많은 사람들이 이슬람교도에 대한 공포심이나 경계심을 가지는 것은 어쩔 수 없는 일일지도 모른다. 그러나 우리가 너 주의해야 할 점은 네오콘들이 은밀하게 진행하는 '가짜 깃발 작전'[52]이다.

네오콘들은 '이슬람교도는 잔인하다'라는 가짜 깃발을 내걸고 사람들은 세뇌에 빠진다. 반이슬람 기운을 높여 이슬람교도에 대한 증오를 부추기고 사회를 분단시

"

키는 것이 목적이다.

전쟁이나 분쟁을 일으킴으로써 과격파의 힘을 신장시키고 나라의 질서를 파괴하고 국민을 분단시키고 무법 상태를 만들어내려는 것이다. ISIS는 국가를 무법화하는 역할을 담당하고 있다. 무법화 국가가 빽빽하게 죽 늘어서게 되면 하나의 세계 수립까지는 이제 한걸음이다. 왜냐하면 인간에게는 무질서보다도 독재 정권에 의한 안정이 오히려 낫다는 심리가 존재하기 때문이다. 미국이 ISIS를 지원해온 이유는 바로 이 점에 있다.

ISIS는 미국이 만들었다

2011년 리비아에서 내전이 발발하고 10월에 카다피 대령이 암살되었다. 그 혼란 속에서 ISIS가 대두하기 시작한다.

카다피 암살 후, 미국은 그동안 리비아의 반체제파에게 공급하던 무기를 회수하여 시리아의 "반아사드 세

---

52 상대방이 먼저 공격한 것으로 상황을 조작해서 공격의 빌미를 만들어 침공을 정당화하는 전쟁 수법 또는 정치 행위. 전쟁을 하고 싶지만 명분이 부족한 쪽에서 택한다. 과거 바다에서 적군의 배에 쉽게 접근하려고 해당 국가나 중립국의 깃발을 걸고 있다가 공격을 감행했던 데에서 비롯되었다.

력”으로 빼돌렸다. 그러나 실상은 반아사드 세력 중 ISIS
에 미국제 무기가 흘러갔다.

미국의 크리스토퍼 스티븐스 대사가 이 비밀 임무를
맡았다. 2012년 9월 11일 리비아 동부 벵가지에 있는 미
국 영사관이 무장세력에게 습격당했는데, 그때 사망했
다. 벵가지 사건의 진상은 밝혀지지 않았지만 목숨을 위
협당할 만큼 위험한 임무였음은 분명하다.

스티븐스 대사에게 미국 무기 회수 작전을 명령한 것
이 힐러리 클린턴 국무장관이었다. 힐러리 여사는 이 사
건이 원인이 되어 건강 상태가 나빠져 국무장관을 사임
했다. 그런데 힐러리는 개인 이메일을 사용해 이 중요한
작전 지시를 처리했기 때문에 소위 ‘벵가지 사건’이 되
었다. 힐러리는 왜 국무부의 전문을 사용하지 않았을까.
ISIS에 대한 무기 유출이라는 기록에 남아서는 상황이
난처해지는 내용이 포함되어 있었기 때문이다.

2015년 6월에는 미국 상원의원인 랜드 폴이 CNN과
NBC TV에서 “미국 정부는 아사드 정권 타도를 위해
ISIS에 무기를 공급해왔다”고 말했다. 영국 가디언지는
“CIA가 요르단 비밀 기지에서 ISIS를 훈련하고 있다”고
보도했다.

쿠르드족[53] 치안 부대가 ISIS의 주요 거점이었던 이라크 북부의 신자르를 탈환했을 때 지하 벙커에서 미국제 폭탄 상자가 발견되었다.

2014년 10월에는 미군 헬리콥터가 반아사드이며 ISIS와도 싸우고 있는 시리아 반정부 세력에 제공할 무기와 군사 물자를 "잘못하여" ISIS 지배 지역에 투하하는 사건이 일어났다. 미군기가 ISIS 지배 지역에 군사 물자를 공수했다는 목격 정보도 다수 올라오고 있다. ISIS를 공습할 미군기가 "실수로" 아사드 정권의 거점을 공격하는 사태도 종종 일어나고 있었다.

미국은 ISIS를 양성한 것이다. ISIS가 왜 막대한 자금이 필요한 대규모 전투 행위를 계속할 수 있었는지에 대한 대답이 여기 있다. 미국은 시리아 내전에 당당하게 개입하는 구실로 ISIS를 이용했다. 매우 과격한 ISIS는 인류의 적이기 때문에 미국은 ISIS와 싸운다는 명분이다. 그런데 실제로 미국이 시리아에서 했던 일은 ISIS에 대한 공격이 아니라 지원이었다.

---

53 튀르키예 동남부, 이란, 이라크, 시리아 등 접경지대에 거주하는 유목민. 대부분 이슬람교 수니파에 속한다.

  알아서는 안 되는 현대사의 정체

네오콘은 아사드 정권도 ISIS도 알카에다계 알누스라 전선 등의 반아사드 세력도 서로 싸우게 만들어서 시리아를 황폐화시키고 무정부 상태로 만드는 것을 노리고 있었다.

일찍이 레닌이 이끈 러시아의 볼셰비키는 폭력으로 정권을 탈취하고 정권 유지를 위해서 무차별 테러로 국민을 탄압했다.

ISIS의 전술은 공산주의 폭력혁명의 21세기판이라고도 할 수 있다. 원래 공산주의 영구혁명을 호소한 트로츠키 사상을 계승한 네오콘이 ISIS를 낳고 길렀다는 것도 고개를 끄덕이게 되는 이야기이다.

제4장
자국
우선주의의
역습
2016~2019년

학교 교육에서 배우는 '정통파' 역사 개설
2016~2019년

2016년은 플로리다 고교 총기 난사 사건, 브뤼셀 공항 폭탄 테러, 아타튀르크 국제공항 자살폭탄 테러, 프랑스 니스 트럭 테러 등 유럽과 미국을 중심으로 각국에서 ISIS에 의한 테러가 계속 일어났다. 시리아 내전은 길어지고, 중동 정세를 둘러싼 여러 나라의 대립, 일대일로 정책을 추진하는 중국의 난사군도 인공섬 개발, 북한 핵문제 등 국제적인 긴장이 고조된다. 한편으로는 쿠바의 긴장 완화를 비롯하여 일부에서 국가 간 화해 움직임도 보인다.

각국에서 이민자 유입이나 TPP(환태평양경제동반자

협정)[54] 등 자유무역에 반발하는 반글로벌리즘, 자국 제일주의가 횡행하기 시작한다. 영국의 유럽연합(EU) 탈퇴 문제나 미국 도널드 트럼프 대통령의 탄생 등이 반글로벌리즘을 상징하는 사건으로 주목받았다.

영국의 테레사 메이 총리, 타이완 민주진보당의 차이잉원 총통 등 여성 지도자, 필리핀의 로드리고 두테르테 대통령 같은 새로운 지도자의 당선을 각국에서 볼 수 있었다. 파나마 문서, 바하마 문서 등 내부 문서 공개로 다국적 정·재계 인사들이 조세 피난처를 통해 불투명한 금융 거래를 하고 있었던 사실이 밝혀졌다. 한편 뮤지션 밥 딜런이 노벨문학상을 수상한 일도 화제를 불러 모았다.

2017년 이후 트럼프 미국 대통령의 움직임에 주목하게 된다. 같은 해 4월에는 중국 시진핑 국가주석과 미중 정상회담이 개최되고 때를 같이하여 아사드 정권이 시리아 국내에서 화학무기를 사용했다고 단정, 그에 상응하는 조치로 화학무기가 저장되어 있다고 알려진 시리아 공군기지를 토마호크 순항미사일 59발로 공격했다.

---

54 아시아·태평양 지역 관세 철폐와 경제통합을 목표로 추진된 협력체제.

　　　　　　　　알아서는 안 되는 현대사의 정체

6월에는 미국이 지구온난화 대책에 대한 국제 체제인 '파리협정' 탈퇴를 정식으로 표명한다.

이라크 정부군이 ISIS가 최대 거점으로 삼아온 북부 모술 중심부의 알누리 모스크[55]를 탈환했다고 발표, 이라크 아바디 총리는 "ISIS에 의한 거짓 국가는 끝났다"고 선언했다. 9월에는 북한이 핵실험을 하고 유엔안전보장이사회는 대북 6차 제재 결의를 만장일치로 채택했다.

2018년에도 트럼프 미국 대통령의 동향에 이목이 집중된다. 6월, 북한 김정은 위원장과 싱가포르에서 정상회담을 갖고 북한 비핵화와 체제 보장을 포함한 합의문에 서명한다. 11월에 치러진 미국 중간선거에서는 여당 공화당이 상원의 과반수를 유지했다.

55　800여 년 전 건립된 사원.

2016년 미국 대통령 선거에서 트럼프가 승리

통설▶ 트럼프 대통령의 '미국 우선주의(아메리카 퍼스트)'는 대중영합주의이다.
역사의 진상▶ '미국 우선주의'는 정치를 배후에 있는 지배자의 손에서 국민에게 돌려주는 것이다.

미국 대통령 선거에서 가장 큰 패배자는 미디어

2016년 11월, 트럼프 대통령의 승리에 미디어가 당황하고 경악을 금치 못한 이유는 대항마인 민주당의 힐러리 클린턴이 진다는 것은 상상도 못했기 때문이다. 미국의 주요 미디어는 거의 일관되게 힐러리의 승리를 확신하고 있었다.

이와 같은 미디어의 패배 요인은 무슨 일이 있어도 힐러리가 이기게 만들어야 했던 그들이 트럼프 지지라는 국민의 물결을 굳이 보려고 하지 않았던 데에 있다. 미디어는 트럼프를 철저하게 중상비방하면서 힐러리의 승리가 확정되었다고 낙관하고 있었다.

인터넷 정보가 미디어의 여론 조작을 막아냈다. 인터넷은 트럼프 발언의 진의, 힐러리에 관련된 의혹 내용을 자세하게 보도했다. 미디어의 정보 독점은 이미 무너졌

    알아서는 안 되는 현대사의 정체

다는 점을 해당 미디어는 알아차리지 못했다.

결정적이었던 것은 미국의 일반인들(대중)이 미디어가 거만하게 설교하는 인종 평등, 인권 존중, 여성의 권리, 소수자 보호 등의 정치적 정당성(소수파 옹호를 빌미로 삼는 다수파에 대한 언론 탄압)에 질렸다는 점이다. 트럼프는 대중들의 속마음을 대변해주었고, 힐러리는 세계화라는 환상을 퍼뜨리면서 대중들을 더욱 어려운 생활환경으로 몰아넣어 온 미국의 이스태블리시먼트가 지지한 사람이었다.

세계화에 대한 선전포고

대통령 선거에서 승리한 트럼프는 미디어의 집요한 방해 공작을 극복하고 2017년 1월 20일 대통령에 취임한다. 취임식 연설에서 트럼프 대통령은 "지금 이 순간부터 아메리카 퍼스트가 시작된다"고 선언하며 다음과 같이 말했다.

세계 여러 나라들과 우호적이고 선의에 기초한 관계를 구축하고 있지만 모든 나라는 자국의 이익을 최우선으로 할 권리가 있다. 우리는 각자의 방식을 다른 누군가에게 강요하지는 않지만 모범적으로 두드러져 본받을 만한 존재가 되겠다.

트럼프는 결코 미국만 좋으면 된다 같은 말은 하지 않았다. 그런데 미디어는 '트럼프가 말한 아메리카 퍼스트는 세계에 대한 미국의 개입을 줄이고 보기 흉하고 불건전한 내셔널리즘이나 대중영합주의를 퍼뜨려 세계를 불안정하게 만드는 원흉이다'라고 해서 널리 퍼진다.

트럼프의 주장에서 어디가 이상하다는 것일까. '자국민의 행복을 첫 번째로 생각하고, 국익을 최우선으로 하고, 자국의 안전은 자국이 지킨다. 또한 각 국가들이 자립적인 국가로서 우호 관계를 맺는다'라는 주장은 세계 최강국 미국 대통령의 세계관으로는 더없이 진지하다고 할 수 있다.

트럼프의 말에서는 지금까지의 대통령과는 분명히 다른 길을 가겠다는 물러서지 않는 의지가 느껴진다. 트럼프는 역대 대통령들이 "세계화"를 소리 높여 외치는 "그림자 킹메이커=국제 금융 자본가"들의 통제를 받았던 일에 대해서 정면으로 선전포고를 하고 있다.

                                    알아서는 안 되는 현대사의 정체

내정 간섭을 정당화하는 이론

트럼프는 역대 미국 대통령들이 미국 국민들의 이익을 첫 번째로 생각하지 않고 국제 금융 자본가들의 이익을 우선시한 사실을 비판한다. 지난 100년 동안 미국이 걸어온 역사는 우리가 교과서에서 배운 내용처럼 자유와 민주주의를 구현한 이상적인 나라는 아니었다. 국시로 건국 정신이나 '자유와 민주주의' 깃발을 내걸고 있기는 하지만, 제2차 세계대전 때 루스벨트 대통령에 대한 내용을 살펴본 바와 같이 미국은 결코 '자유와 민주주의'를 위해 싸워오지 않았다. 국제 금융 세력의 뜻에 따라 전체주의국가 소련과 동맹을 맺고 히틀러의 독일이나 일본을 공격했다. '자유와 민주주의'는 미국의 국제 개입 정책을 정당화하는 명분에 불과했다. 이러한 대의명분을 미국의 미디어가 홍보했기 때문에 우리의 눈에는 미국이 마치 자유와 민주주의의 조국처럼 비쳤다.

앞에서 살펴본 것처럼 분쟁을 만들고 연출하는 것도 상투적인 수법이다. 미국은 동서 냉전 종료 후에도 뒤에서 연출한 전쟁·분쟁을 이용하여 '세계화는 정의다'라는 대의명분 아래 "전 세계에서 이익을 수탈하기 위한 글로벌 시장경제 시스템"을 만들어왔다.

이러한 미국의 국제 간섭 정책을 정당화해온 이론이
있다. 미국 정계의 중진 브레진스키의 세계화 역사 필연
론이다. 브레진스키는 저서 『선택(THE CHOICE)』에서
"국가에 대한 평가는 민주화 정도뿐만 아니라 세계화
정도에 따라서도 이루어져야 한다", "세계화가 모든 플
레이어에게 공평한 기회를 제공한다는 사고방식은 현실
인지 아닌지에 관계없이 새로운 세계화라는 가르침에
역사적인 정통성을 부여하는 중요한 근거가 되었다"고
말하고 있다. 실제로 세계화는 세계에 불공평을 초래하
지만, 역사 발전 과정에서 필연성을 가지므로 인류가 동
일하게 지향해야 할 방향이라고 설명하고 있다. 브레진
스키는 세계화라는 단어를 사용하고 있지만, 이는 글로
벌 시장화라는 의미로 세계통합주의를 가리키고 있다.

결론은 하나이다. "세계화가 늦어진 나라는 역사 발
전에서 뒤처지게 되고, 그런 상태는 해당 국가뿐만 아니
라 세계적으로도 바람직한 일은 아니다. 그러므로 미국
이 세계화가 부족한 나라에 개입하는 정책은 정당화된
다"는 내용이다. 이미 이 책에서 이야기했듯이 오바마
대통령까지 미국은 세계화에 반대하거나 세계화에 뒤처
진 여러 나라에 대해 국제간섭주의라는 대의명분 아래

세계의 경찰관으로서 각 나라의 내정에 간섭하고 때로는 정권 전복도 자행해왔다.

세계화로 가는 3단계 체제 변동 방식

브레진스키는 각 나라에 대한 개입에서 '민주화→민영화→글로벌 시장화'라는 3단계 체제 변동 방식을 이론화하고 있다. 먼저 각국에 민주화, 즉 복수 정당에 의한 선거 실시를 요구한다. 강경한 수단을 써서라도 경제 민영화를 추진하는 후보자를 당선시켜야 하기 때문이다. 경제가 민영화되면 미국 기업을 비롯한 외국자본이 현지 기업을 인수하기가 쉬워진다. 그 결과 해당 국가에서 세계화가 이루어진다. 세계화란 경제에 대한 국민주권의 상실을 의미한다. 브레진스키의 말처럼 외국자본(다국적 기업)에 유리한 세계화는 세계에 불공평을 초래하게 된다.

글로벌 시장화는 세계에 불공평을 가져올 뿐만 아니라 미국 국내에서도 빈부 격차를 심화시켰다. 트럼프는 이러한 점을 정면에서 쟁점으로 다루며 유권자들의 감정에 호소하여 대통령에 당선되었다.

글로벌 시장화가 만들어낸 불공평함에서 미국을 포

함한 전 세계의 눈을 돌리기 위해 고안된 것이 정치적 타당성이다. '자유와 민주주의', '민영화', '인권 존중', '남녀평등', '소수파에 대한 권리 옹호'라는 언뜻 보기에 누구도 반대할 수 없는 용어를 둘러싸고 논쟁을 벌이는 동안에 세계의 격차는 한층 확대된다.

세계에 격차 확대를 가져온 세계화의 기만을 알아차리기 시작했기 때문에 트럼프 대통령의 탄생이나 영국의 EU 탈퇴 국민투표(2016년 6월)로 이어졌다고 생각할 수도 있다.

장벽 건설은 반세계화의 상징

트럼프는 "세계화는 국가의 적이다"라고 하며 "진정으로 미국 국민을 위한 나라를 만들겠다"고 선언했다. 동맹국을 방문해서 "군사비를 더 부담하라"고 압력을 가하는 이유는 '미국의 재산을 사용해서 세계의 경찰 역할을 하는 것은 불공평하다. 미국에 안전보장 협력을 요구하려면 그에 상응하는 부담을 하라'는 뜻이다. 경제적인 관계에 대해서도 '지역적 혹은 국제적인 틀이 아니라 각각의 나라들이 교섭을 통해 진행해 나가면 쌍방이 더 좋은 결과를 얻을 수 있다'는 자세로 재검토를 강하게

　　　　　알아서는 안 되는 현대사의 정체

요구한다.

"멕시코 국경에 장벽을 세운다"라는 말이 물의를 빚고 있지만 주권국가가 국경을 유지 관리하는 일은 당연하다. 국경 관리의 중요성을 이해하기 쉽게 주권국가의 의지로 장벽을 세우겠다는 것에 불과하다. 세계화를 추진할 때 국경에 세우는 장벽은 금기이다. 왜냐하면 세계화의 목적은 국경 폐지이기 때문이다. 장벽 건설을 반대하는 미디어도 민주당도 세계화를 거부하고 주저하는 트럼프 대통령을 일부러 중상비방하고 있다.

2017년 G20 함부르크 정상회의

통설▶ '상호 연결된 세계 형성'을 주제로 솔직한 의견 교환이 이루어졌다.
역사의 진상▶ 미러 관계가 세계의 운명에 결정적인 영향을 미치고, 중국은 분명하게 배제되었다.

G2란 미국과 러시아

대부분의 미디어에서 러시아와 중국을 비슷한 격으로 다루고 있다는 점은 이상하다. 이는 일본의 옛 친미 보수층의 발상이기도 하다. 이런 관점은 세계 권력 구조의 본질을 오인하게 만든다.

2017년 7월 7일 독일 함부르크에서 G20 정상회의가 열렸다. G20 정상회의에서는 실질적인 토의 내용이 부족한 것이 예사이다. 그보다는 각국 정상이 그 자리를 이용해 개별 회담을 진행한다는 데 의미가 있다.

개별 정상회담에서 트럼프 대통령과 푸틴 대통령의 첫 직접 회담이 이루어졌다. 예정되었던 30분을 많이 초과하여 2시간 15분이라는 장시간 동안 회담이 진행되었다. 미러, 미중, 러중, 미일, 중일, 일러 등 주요국 사이에 정상회담이 이루어졌는데 예상대로 트럼프와 푸틴

 알아서는 안 되는 현대사의 정체

회담이 가장 주목을 끌었다.

왜냐하면 미러 관계가 국제 정세에 결정적인 영향을 미치기 때문이다. 중국이 미국과 중국이 G2로 세계를 관리한다고 허세를 부려도 중국의 독선에 불과하다. GDP 수치로는 미국의 뒤를 잇는 경제 대국이라고 해도 중국은 군사력 특히 핵전력 면에서 미국과 균형을 유지하고 있는 러시아에 훨씬 뒤처진 나라이다. 더욱이 에너지 자원과 식량을 자급할 수 없는 중국은 미국과 견줄 만한 초강대국이 될 수 없다. 러시아에는 엄격하고 중국에는 부드러운 브레진스키도 같은 이유로 중국은 초강대국이 될 수 없다 지적하고 있다.

거슬러 올라가면 2015년 11월 튀르키예에서 G20 정상회담이 열렸는데, 그때 오바마 대통령과 푸틴 대통령의 행동에는 인상 깊은 부분이 있었다. 여러 사람들이 보는 가운데 회의장 로비 소파에서 둘만의 회담을 하고 있었다. 당시에는 미러 불화가 한창 보도되었는데, 보란 듯이 소곤소곤 이야기 나누는 미러 정상의 모습은 세계를 관리하는 나라는 미러 그 외에는 없다, G2란 미국과 러시아라는 사실을 세계에 알렸다. 이 정상회담의 숨은 표적이 중국이었음은 명백하다.

보통의 국가로 생각하면 오인하는 중국

현재 중국 경제는 삼중고에 시달리고 있다. 안정형 경제로의 이행을 위한 국영기업 민영화 중심의 구조 개혁은 벽에 부딪혔고, 2008년 세계 금융위기를 맞아 투입한 거액의 부동산 투자가 초래한 버블의 뒷수습은 거의 손쓸 방도가 없고 위안화의 국제화도 진행되지 않았다. 국내 경제가 좋지 않아서 활로를 찾기 위해 시작한 AIIB(아시아인프라투자은행)[56]나 일대일로 구상도 진행되지 않았다. 일대일로 구상이란 중국 서부와 중앙아시아·유럽을 연결하는 '실크로드 경제 벨트=일대(一帶)'와 중국 연안부와 동남아시아·인도·아라비아반도·아프리카 동부를 연결하는 '21세기 해상 실크로드=일로(一路)' 두 지역에서 인프라 정비 및 경제·무역 관계를 촉진하는 계획을 말한다.

여기에서 중국을 바라볼 때 기억해야 할 중요한 관점 세 가지를 소개한다.

---

56 2016년 아시아·태평양 지역의 인프라 투자 지원을 목적으로 창설됐다. 미국과 일본이 주도하는 세계은행, 아시아개발은행 등과 달리, 중국 주도로 출범했다.

  알아서는 안 되는 현대사의 정체

① 중국은 공산당의 독재국가라는 점, ② 중국인은 심한 개인주의자라는 점, ③ 중국인에게 국가관은 없다는 점 세 가지이다.

이 세 가지 관점에서 보면 경제적 쇠퇴와 함께 공산당 독재 체제는 붕괴될 것을 예측할 수 있다. 하나의 제도·체제는 70년 이상 지속되지 않는다는 경험칙이 있는데, 그에 따르면 중국 건국 70주년인 2019년 이후 몇 년 안에 중국공산당 일당 지배 체제가 붕괴될 것으로 예상된다.

중국인은 돈벌이가 되면 공산당 독재든 군벌이 할거하는 내전 상태든 정치체제에는 관심이 없다. 그러나 이제 돈벌이가 힘들어지고 있다. 경제만이 공산당의 정당성을 지탱하고 있다. 경제가 쇠퇴하면 공산당에 충성을 맹세하는 국민은 전혀 없다.

트럼프 정권이 탄생하고 중국은 미국과 일본을 이간질시켜 일본을 끌어당길 '미소정책(微笑政策)'[57]을 전개해 나가게 된다. 앞으로 더 엄격해질 중국에 대한 미국

---

57 겉으로 친선을 도모하는 듯이 꾸며 상대국으로부터 이권을 얻으려는 정치적 계책.

의 태도를 주시한다. 이에 반해 일본은 자민당이나 대기업이 '차이나머니(중국 자본)'에 휘둘리지 않으면 걱정 없다. 그런데 현실은 자민당 인사 중에 친중파가 많다는 점이나 일본 경제단체연합회(경단련)가 여전히 중국을 중시하는 태도를 유지하고 있다는 상황을 통해 중국의 대일 공작이 물밑에서 상당히 진행되었음을 엿볼 수 있다. 중국의 전술은 겉으로는 '미소정책' 포즈를 취하면서 속으로 차이나머니의 힘으로 미국과 일본 사이를 갈라놓으려는 모략을 진행하고 있는 것이다.

자크 아탈리는 프랑스 미테랑 대통령의 보좌관을 지낸 적도 있는 유대계 프랑스인 경제학자이다. 글로벌 시장화 추진 세력의 사상적 지주 가운데 한 사람이다. '세계주의자의 대리인'이라고 불러도 좋다. 아탈리는 2025년까지는 중국공산당의 일당독재가 끝날 것이라고 했다. 이는 세계주의자에게 중국의 공산주의 체제가 이미 필요 없어졌다는 뜻이기도 하다.

트럼프 대통령은 '자유롭고 열린 인도 태평양 전략'을 당당히 내놓으며 중국의 일대일로 구상에 찬물을 끼얹었다. '21세기 해상 실크로드=일로'를 상쇄하는 전략이다. 미국은 진심으로 중국을 억누르고 싶어 한다. 시진핑이 조급하지 않을 리가 없다.

'자유롭고 열린 인도 태평양 전략'은 원래 아베 총리가 2016년에 공식 발표한 내용이다. 여기에서도 미국과 일본의 긴밀한 연계가 드러난다. 그 결과 시진핑은 일본에 조금씩 다가오는 자세를 보일 수밖에 없다.

미일 관계가 약할 때 중국은 일본에 대해 강압적이다. 미일 관계가 견고할 때 중국은 일본에 추파를 던진다. 이는 중국의 지정학적 약점이다. 중일 관계가 개선되었다고 들떠 있을 때가 아니다. 방심은 금물이다. 중국이 일본에 융화하는 태도를 취하는 것 자체를 거부할 필요는 없지만, 거기에 숨겨진 의도를 잘못 읽어서는 안 된다. 거듭 강조하지만 중국의 목적은 미일 관계에 쐐기를 박으려는 것이다.

푸틴 대통령과 아베 총리

트럼프 대통령은 러시아와의 관계를 개선해 나가겠다고 이미 표명하였고, 미러가 공모하여 중국을 억제하는 구도가 되고 있다. 러시아게이트 의혹은 풀렸지만 여전히 미국 내 반러 세력, 즉 딥스테이트에게 발목이 잡혀 생각대로 대러 관계 개선에 발을 들여놓고 있지 않다. 그래서 미러에 다리를 놓아줄 수 있는 인물이 트럼프와도 푸틴과도 마음이 맞는 일본의 아베 총리라는 말이 된다. 중국이 일본에 접근하는 한편 집요하게 아베 끌어내리기 공작을 하는 이유는 이 때문이다.

일본과 러시아 관계에서는 쿠릴열도 분쟁이 큰 현안이다. 다만 두 정상은 신뢰 관계를 기초로 착실히 교섭을 진행하고 있다. 2016년 5월, 소치에서 '새로운 접근 방식'을 바탕으로 쿠릴열도 문제에 대한 교섭을 진행할 것이 정상회담으로 합의되었다. 그 합의를 받고 전체 회담에서 아베 총리는 8개 항목의 경제협력 프로젝트를 제안했다. 이 순서가 매우 중요하다. 영토와 경제협력이 불가분의 관계에 있다는 점이 아베 총리와 푸틴 대통령 교섭의 핵심이다.

미디어는 자주 영토와 경제협력을 단순한 거래라는 관점에서 생각한다. "경제가 우선이고 영토 문제는 뒤로 밀리게 될 것이다"라든가 "러시아는 경제적 이익에만 관심이 있을 것이다"라는 억측이 난무한다. 이 관점은 틀렸다. 영토 문제가 해결되지 않으면 본격적인 경제협력도 없기 때문에 무전취식은 할 수 없는 구조로 되어 있다는 점을 앞에서 말한 교섭 순서에서 알 수 있다.

　　　　　　　　　알아서는 안 되는 현대사의 정체

‘새로운 접근 방식’이란 무엇인지 구체적으로 밝혀지지는 않았지만 짐작할 수는 있다. 핵심은 쿠릴열도 문제에 대한 교섭을 러일 관계 전체로 논의하자는 접근 방식이다. 지금까지처럼 4개 섬[58] 문제만 논의를 반복하다가는 다음 단계로 나아가지 못한다.

해결책은 어디에 있을까. 4개 섬을 ‘떼어놓는’ 수밖에 없다. 하보마이·시코탄의 2개 섬, 구나시리까지 3개의 섬, 4개 섬의 면적을 이등분하는 세 가지 유형을 생각할 수 있는데, 결국 일본이 바라는 4개 섬 반환은 실현되지 않을 것이다.

이 딜레마를 해소하고 러일의 ‘무승부’로 가져가는 것이 ‘새로운 접근 방식’이고 영토 교섭과 경제협력을 연결시키는 일이다. 이 두 가지를 연결시킬 수 있는 이유는 러시아에게는 ‘안전보장’ 문제이기 때문이다. 러시아에게 아베 총리가 제안한 8개 항목의 경제협력은 러시아 경제를 첨단 산업화하는 유일한 방법이다.

현재 상태라면 러시아는 천연자원의 국제가격에 좌

---

58 쿠릴열도 남단의 하보마이군도, 시코탄섬, 구나시리섬, 에토로후섬.

우되는 취약한 경제 체질에서 벗어나기 힘들다. 군사적으로는 미국에 필적할 핵 강국이기는 하지만 경제적인 대국은 될 수 없다. 우크라이나 위기를 통한 서방의 경제제재도 점차 러시아 경제에 영향을 미치고 있다.

푸틴 대통령은 2018년 3월 러시아 대통령 선거에서 압도적으로 승리를 거두었다. 남은 6년의 임기 중에 표트르대제 이후 러시아 역사상 최고의 지도자로 이름을 남기기 위해서는 경제 근대화를 성공시킬 필요가 있다. 이를 통해 러시아는 역사상 처음으로 명실상부한 안정된 대국이 되고 러시아에 대한 외부 세력의 경제 침략을 저지할 수 있게 된다. 러시아 경제의 첨단 산업화는 러시아에게는 최대의 안전보장이다. 푸틴 대통령은 2000년에 취임했을 때 발표한 논문 「밀레니엄 전환기의 러시아」에서 "러시아의 새로운 이념" 아래서 러시아를 첨단 산업화할 것을 표명하고 있다. 쿠릴열도 문제에 대한 교섭은 아베 총리는 물론 푸틴 대통령에게도 가장 중요한 국면이다.

2018년 북미 정상회담

통설▶ 북미 정상회담은 북한이 제재 해제와 경제 지원을 원하면서 개최되었다.

역사의 진상▶ 북미 정상회담은 김정은의 후원자인 국제 금융 세력이 손을 뗀 결과이다.

한반도 통일 시나리오

앞에서 이야기한 바와 같이 1950년에 시작된 한국전쟁은 미국, 영국과 소련이 계획한 조작된 전쟁이었다. 전쟁 자금을 빌려준 국제 금융 자본가들과 무기를 팔아 이익을 얻은 군수산업 '군산복합체'만 이득을 봤다. 그들의 선봉장인 네오콘은 세계의 트러블 메이커로 국제 간섭 정책상 이용 가치가 있는 북한을 그대로 두었다.

그런데 트럼프 대통령은 국제 간섭 정책을 부정하고 각국의 우선주의를 주장하는 내셔널리스트(국가주의자)였다. 따라서 트럼프의 북한 정책은 북한을 자국민의 이익을 우선시하는 체제로 이행시킬 것을 목표로 한다. 즉, '북한 우선주의'이다. 그때까지 잇따른 미사일 발사로 미국을 정면에서 도발해온 북한이 갑자기 태도를 바꾸어 2018년 6월 싱가포르에서 사상 첫 북미 회담이 개최되었다. 이는 북한과 김정은을 후원했던 국제 금융 세력이 손을 뗄 때 김정은이 고립되었음을 의미한다.

북한 정세는 미국 국내에서 트럼프 진영과 반트럼프 세력의 대리전쟁이다. 김정은을 뒤에서 실질적으로 지배하던 국제 금융 세력은 반트럼프 세력의 최선봉이다. 그들은 김정은을 포기했다. 2018년 1월의 다보스포럼, 즉 세계경제포럼의 연차총회에 그 사정을 알 수 있는 열쇠가 있다.

네오콘과의 거래

2018년 1월 트럼프 대통령은 다보스포럼에 참석했다. 여기에서 트럼프와 국제 금융 세력 사이에 물밑 거래가 있었다고 생각된다. 거래에는 당연히 보상 조건이 있다. 트럼프 대통령에게는 몇 가지 타협안이 있었다.

첫 번째 거래라고 생각되는 부분은 시리아 문제에 대한 타협이다. 시리아 내전 상황이 미디어에서 대대적으로 다루어지게 된 시기는 이상하게도 한반도 정세가 진정되는 시점과 통한다. 반트럼프 세력은 트럼프에게 시리아 내전에 본격적으로 개입할 것을 요구했고 트럼프는 어쩔 수 없이 이 요구를 수용했을 가능성이 있다.

    알아서는 안 되는 현대사의 정체

바로 전해에 그 복선이 있었다. 2017년 4월 6일 미국이 시리아의 군사시설을 순항미사일로 공중폭격했다. 아사드 정권이 화학무기를 사용해 반체제파 지역을 공격했다는 것이 공습의 이유였다. 아사드 대통령이 화학무기를 사용했는지는 사실 확인되지 않았다.

이 뉴스는 귀를 의심하게 만들었다. ISIS를 소탕하기 위해서는 ISIS와 정면으로 맞서 싸우고 있는 아사드 정권 그리고 러시아와의 협력이 필수적이다. 시리아 공습은 트럼프가 기존의 태도를 180도 바꿨다고 받아들여도 이해하기 힘든 폭거였다.

더욱이 미국의 공중폭격은 침략 행위이며 국제법 위반이다. 그러나 G7 여러 나라의 논의에도 세계 주요 미디어의 논의에도 아사드 대통령이 화학무기를 사용했다는 전제로 이루어진 미국의 공습을 옹호했다. 아무래도 개운하지가 않다. 아사드 정권을 무너뜨리기 위해서 공습을 했다면 '아랍의 봄' 전략과 같다. 트럼프가 비판해온 힐러리의 국제간섭주의 노선으로 되돌아갔음을 의미하며 선거공약 위반이자 국민에 대한 배신이다.

나중에 알게 되겠지만 이 공중폭격에는 다른 목적이 있었다.

시리아 공습의 목적

시리아 공습의 목적은 무엇일까. 세 가지 요점이 있다.

첫째 공중폭격의 성과는 작았다. 트럼프 대통령은 아사드 대통령을 더러운 말로 깎아내렸지만 조기 퇴진을 명확하게 요구하고 있지는 않다. 일단 공격을 했다는 '알리바이 공작'이다.

둘째, 공중폭격은 플로리다에서 열린 미중 정상회담 시기에 맞추어 이루어졌다. 미사일 발사 실험을 거듭하는 북한에 대한 경고이다. 덧붙여 북한을 감싸온 중국에게 북한에 대한 구체적인 행동을 취하라는 '최후통첩'이다. 시진핑은 석탄 수입을 철저하게 금지하는 조치를 취한 것 같다. 기존 미국 정권의 온존정책에 빠져 있던 북한에게 트럼프 대통령의 진정성은 경천동지할 충격이었음에 틀림없다.

셋째, 러시아에 대한 계산된 배려이다. 두 시간 전이라고는 하지만 일단 러시아에 시리아 공습에 대한 사전 통보를 했다. 공습 직후에는 틸러슨 국무장관이 러시아를 방문해 푸틴 대통령과 라브로프 외무장관과 회담했다.

트럼프의 목적은 아사드 정권 전복이 아니다. 대러 강경파인 공화당 주류파에 대한 불만 해소였다고 생각한다.

베트남전쟁 참전 용사 출신인 존 매케인(1936~2018) 상원의원으로 대표되는 공화당 주류파에는 러시아를 숙적으로 보는 네오콘과 같은 생각에 가까운 사람들이 많다.

네오콘은 일찍이 이라크전쟁을 일으켜 후세인 대통령을 실각시켰다. 동유럽 색깔혁명을 조종해 친미 정권을 차례차례 수립했다. '아랍의 봄'을 연출한 것도 네오콘이다. 트럼프는 대통령 취임 후 바로 공화당에서 기반을 굳히는 의미에서도 어느 정도 네오콘과 타협할 필요가 있었고, 러시아와 정치적·군사적 측면에서 약간의 대립이 생기는 상황은 어쩔 수 없다고 판단했을 것이다.

그리고 1년 후인 2018년 4월 다보스포럼에서 이루어진 '거래'에 따라 트럼프 대통령은 같은 이유로 시리아를 공중폭격했다. 네오콘은 아사드가 내전에서 승리하고 러시아가 중동에서 존재감을 더하는 상황은 무슨 수를 써서라도 저지해야 했다. 국제 금융 세력의 세계 전략 실행 부대인 네오콘의 최대 표적은 푸틴이다. 푸틴 대통령은 네오콘의 세계 전략, 즉 글로벌 시장화를 통한 세계 통일을 가로막는 존재이다.

아사드 때리기는 푸틴 실각으로 이어진다. 네오콘의 배후에 있는 국제 금융 세력에게는 중국에 깊이 의존하고 있는 북한보다 푸틴이 전반적으로 관여하고 있는 시리아가 중요했다.

다보스포럼에서 트럼프 대통령과 국제 금융 세력의 제2의 거래로 중국의 만족할 줄 모르는 대외 팽창을 억제한다는 타협이 성립되었다고 생각된다. 앞에서 언급한 2025년까지는 중국공산당의 일당독재가 끝난다는 자크 아탈리의 예언은 세계화 세력이 중국공산당을 포기했음을 시사하고 있다.

제5장
세계화와
국가주의는
공존할 수
있는가
2020년~

학교 교육에서 배우는 '정통파' 역사 개설
2020년~

여러 분야에서 세계화가 진행되는 것을 피할 수 없는 만큼 유엔 같은 국제기구가 여러 나라의 이해를 조정하고 분쟁을 평화적으로 해결해가는 노력은 앞으로 점점 더 중요해질 것이다. 유일하게 초강대국이 된 미국도 그 힘만으로는 세계화를 수립할 수 없다. 한편, 지금도 민족적 자각을 높이고 국민국가로의 통합을 강화하며 정치적·경제적인 안정을 도모하기 위해서 배타적인 국가주의를 내세우거나 국내의 소수민족을 박해하고 내전을 일으키는 국가가 적지 않다. 이 두 흐름이 현대의 국제사회를 움직이는 주요한 요소가 되어가고 있다.

전 세계에서 자유 경쟁을 권장한 결과로 생긴 국내외

의 막대한 소득 격차, 투기 활동을 통한 심각한 경제 위기 때문에 인간 사회에 대한 공동성 회복이나 복지국가의 역할을 재검토하는 움직임도 나타나고 있다. 선진국이 하나같이 저출산 고령화 현상을 보이는 가운데 개발도상국에서 노동자를 받아들이는 움직임도 늘어나고, 인종과 민족의 차이를 넘어 '다문화 공생'을 지향하는 새로운 생활 방식을 만들 것도 요구된다. 여러 집단 간의 공존을 요구하는 '다문화주의'나 환경과 공생을 요구하는 새로운 사상은 앞으로도 계속 모색될 것이다.

2020년~ 신베스트팔렌 체제

통설▶ 미국의 힘은 쇠퇴하고 재조정의 시대에 돌입한다.
역사의 진상▶ 미국을 약화시킨 것은 세계주의자. 팔굉일우 사상으로 대항한다.

세계주의자의 천적은 건전한 주권국가

현재의 세계정세를 분석할 때 "전후 70년 이상이 경과하고 그 대단하던 미국도 힘이 쇠약해져 재조정의 시대에 돌입했다"는 말을 자주 듣는다. 지금까지는 미국이 막강한 군사력을 배경으로 세계의 경찰 역할을 하고 있어서 좋았는데 이제 그렇게는 안 된다. 그럼 어떻게 해야 하는가.

이 책에서 이미 살펴보았듯이 미국의 세계주의자이자 네오콘이 세계정세를 미국이 세계의 경찰로 군림하도록 그렇게 만들었다.

제2차 세계대전이 끝났을 때, 미국은 당시 세계 GDP의 절반을 차지하고 있었다. 압도적인 경제력과 거대한 군사력, 높은 정신성을 가진 나라였다.

그런데 미국의 그림자 지배자인 딥스테이트, 즉 세계주의자들은 미국을 '약화시키기'에 들어갔다. 앞장들에서 보았듯이 한국전쟁, 베트남전쟁이라는 일련의 전쟁은 미국의 국력을 약화시키기 위한 전쟁이었다.

왜 세계주의자들은 미국을 약화시키려는 것일까. 세계주의자가 세계를 통일하는 데 "건전한 주권국가"만큼 방해되는 것은 없기 때문이다. 그래서 먼저 세계 최강인 미국부터 무너뜨리려 했다. 그리고 그 창끝은 다음 표적인 일본과 러시아로 향하고 있다.

세계주의자를 가로막는 일본과 러시아와 트럼프

일본을 제2차 세계대전에서 패배하게 만들고 (미군) 점령하에 두었던 세계주의자들은 '전후 민주주의'라는 세계화 정책을 추진했다. 일본인의 정신을 붕괴시키는 것이 목적이었다. 그런데 일본 국민은 똘똘 뭉쳐 허허벌판이 된 조국을 미국을 능가할 정도로 세계 정상급인 경제 대국으로 만들었다.

그러자 미국은 일본의 거품경제를 붕괴시키고 일본 경제의 구조 전환을 강요한다. 국제표준이라는 구실하에 일본식 경영 방식[59]에서 미국형 주주자본주의[60]로의 전환을 강요했다. 이것이 동서 냉전 후 '잃어버린 20년'의 배경이다.

   알아서는 안 되는 현대사의 정체

소련 붕괴 후에 탄생한 러시아에 "충격 요법"을 강요했던 세계주의자들은 러시아의 급격한 시장경제화에 성공한다. 유대계 신흥 재벌이 천연자원과 금융업을 장악하여 러시아를 글로벌경제에 편입하기 직전까지 끌고 갔다. 그때 푸틴이 등장한 것이다.

푸틴 대통령하에서 러시아는 다시 슬라브 민족주의 경향이 강한 나라가 되어가고 있다. 광활한 러시아 국가를 방어하기에 충분한 군사력과 러시아 민족의 자긍심을 되찾은 러시아정교회라는 정신적 지주, 이 두 가지가 러시아의 부흥을 가능하게 했다. 푸틴의 러시아는 세계주의자에게 정면으로 맞서는 위험한 나라이다.

게다가 세계주의자의 기반인 미국에서 갑자기 나타난 트럼프는 세계주의자가 손에 넣은 미국의 지배권을 미국 국민들의 손으로 되찾으려 하고 있다. 트럼프는 이민자나 소수자를 극진하게 보호하는 세계주의자들에 의해서 분단된 미국을 재건하기 시작했다. 세계주의자들

---

59 종신고용제도, 연공임금제도, 기업노조.

60 대주주가 개미주주를 통솔. 기업이 은행, 소비자, 정부, 시민단체 등 다양한 이해관계자를 통제한다.

이 70년에 걸쳐 바꾸어온 미국을 원래의 건전한 국가로 되돌리려는 트럼프는 마땅히 없애버려야 할 존재이다. 지금도 세계주의자의 지배하에 있는 미디어를 통해 "트럼프는 형편없는 대통령이다"라는 가짜뉴스를 계속 보도하고 있다.

미국의 반트럼프 미디어는 특히 트럼프와 푸틴의 대립을 부추긴다. 예를 들면 2018년 북한 제재 이행에 대하여 트럼프가 "중국은 도와주는데 러시아가 망치고 있다", "불운하게도 우리는 러시아와 충분한 관계를 구축하지 못하고 있다. 전체적으로 당연히 있어야 할 좋은 결과를 얻지 못했다" 등이라고 말했다는 보도가 있었다. 이에 대해서 푸틴은 하나하나 반박하지는 않았다. 푸틴은 미국의 반푸틴 세력이 트럼프에게 압력을 가하고 있고 트럼프도 어느 정도 응하지 않을 수 없는 상황이라는 사실을 알고 있다. 그래서 푸틴은 철저하게 미국을 비난하는 일은 삼가고 있다.

또 러시아와 관계가 있는 세계주의자들로 이루어진 딥스테이트는 비장의 수단인 사법체계를 이용해서 트럼프에게 압박을 가하고 있다. 이른바 '러시아게이트 의혹'이다. 2016년 미국 대통령 선거에서 트럼프 진영과

   알아서는 안 되는 현대사의 정체

러시아의 공모가 있지는 않았는가 하는 의혹이다.

이 사건을 담당한 특별검사 로버트 뮬러는 2017년에 수사 책임자로 취임했는데, 2019년 3월에 트럼프 진영이 러시아와 공모한 사실은 인정되지 않는다는 최종 보고서를 법무장관에게 제출할 수밖에 없었다.

사법이 대통령 제거에 관련되어 있다는 이 구도는 닉슨을 실각으로 몰아넣은 1972년의 워터게이트 사건과 아주 비슷하다. 공모 사실은 없어도 의혹이 있다는 인상을 내외에 심어놓으면 트럼프를 무너뜨릴 수 있다는 딥스테이트의 '정치수사'였다. 그러나 이번에 사법부를 동원해도 트럼프를 궁지에 몰아넣지 못하면서 딥스테이트는 권력의 그늘을 느껴야 했다. 앞으로 트럼프는 대러 관계 개선에 적극적으로 나설 것이 예상된다. 거기에는 잠시 동안 시간이 필요하다.

푸틴과 트럼프는 비교적 서로를 잘 이해하고 있지 않을까 생각한다. 결국 '반세계화'라는 이념 아래에서 공동전선을 펼칠 가능성이 있다. 그리고 미러의 공동전선이라는 환경을 준비하는 데 아베 총리의 역할이 기대된다. 트럼프와도 푸틴과도 이야기가 통하는 아베 총리는 미러 관계 개선에 핵심 인물이다.

중국은 어떻게 될까

일본인들은 중국의 위협을 매우 걱정한다. 그러나 사실 그렇게 걱정할 필요는 없다.

중국은 현재 미국과 일본, 러시아 사이의 관계를 충분히 이해하고 있다. 미국과 일본, 러시아를 잇는 삼각형이 만들어지면 중국은 협공을 당해 꼼짝 못 하게 되는 것은 물론이고 공산당 일당독재 체제가 멸망할 것이다. 중국은 그런 사실을 잘 알고 있다.

지금 중국은 일본에 대해서는 기본적으로 '미소정책'이다. 일본으로부터 경제원조를 원한다. 중국 경제는 거품이 붕괴되기 직전 상황으로 일본에서 자금과 기술을 지원받지 않으면 국가 디폴트(채무불이행) 위험이 있다.

일대일로 구상도 외국에서 돈을 빌려서 그 빌린 돈에 이자를 붙여 빌려주고 있는 형편이다. 미국과의 무역 전쟁도 미일에 제대로 맞붙으면 중국의 존립이 위태로워진다. 따라서 어떻게든 미일 사이에 쐐기를 박을 기회를 노리며 미소정책으로 일본에 가까워지려 하고 있다.

그런 중국에 아부할 필요는 없다. 일본에는 친중파라는 사람들이 적지 않게 존재하고 "미국이라는 나라는 언제라도 방심한 틈을 노려 궁지에 빠뜨릴 수 있는 나라

  알아서는 안 되는 현대사의 정체

이다. 만약 중국과 뒤에서 거래를 하면 일본은 어떻게 될까. 일본은 언젠가 고립된다. 일본에게 중요한 나라는 중국이다"라고 속삭인다. 이것이 중국이 준비한 모략전임을 간파하는 것이 일본의 안전보장과 직결되어 있다. 손자병법처럼 거짓 정보로 적을 교란시켜 싸우지 않고 이기는 것을 목표로 하고 있다.

현재 중국은 시진핑의 권위에 금이 가고 국내 권력투쟁이 격화되고 있다. 시진핑은 생존을 걸고 미일 관계를 약화시키기 위해 필사적이다. 이는 반대로 말하면 일본에게는 기회이다. 일본은 당당하게 미일 관계를 보다 견실하게 다지면서 동시에 러시아와의 관계도 강화해나가면 된다.

자국 우선주의는 신베스트팔렌 체제

모든 나라가 '자국 우선주의' 정책을 취하면 세계에는 지금까지와는 다른 새로운 질서가 생긴다. 2020년 이후 세계 질서의 지침이 될 것이다.

'자국 우선'주의는 근대 국가 관계의 원칙을 정한 1648년에 시작된 '베스트팔렌 체제'로의 복귀를 의미한다. 유럽의 30년 전쟁(1618~1648)을 거쳐 성립된 베스트팔렌 체제는 "각국은 다른 나라 내정에 간섭하지 않는다"는 원칙을 가지고 구축된 국제 질서이다. 30년 전쟁을 끝내기 위해 역사상 최초로 근대적인 국제조약이 포함된 체제이고 "국가에 대한 영토권, 영토 내의 법적 주권 및 주권국가에 의한 상호 내정 불가침의 원리가 확립되고 근대 외교 및 현대 국제법의 근본 원리가 확립되었다"고 알려져 있다.

베스트팔렌 체제에서의 세력균형에 기초한 안전보장 사상은 기본적으로 제1차 세계대전까지 이어져 왔다. 1920년에 탄생한 국제연맹이 이 체제를 무너뜨렸다.

국제연맹은 그때까지의 세력균형에 의한 평화 방식을 대신하여 집단안전보장 체제로 이행시켰다. 국가 간 분쟁은 세계 전체의 문제가 되었고 이론적으로는 국제연맹 회원국 모두가 분쟁에 개입할 수 있게 되었다. 현재의 유엔도 똑같은 집단안전보장 체제이다.

트럼프가 말한 '자국 우선주의'는 유엔의 집단안전보장 체제라는 국제 간섭 정책과 결별하고 각국의 자립을 기반으로 하는 21세기형 베스트팔렌 체제로 전환하려는 것이다. 국가주의는 국수주의이고 대중을 선동하는 선동가이며 전쟁을 유발하는 원흉이라고 자주 비판받는

   알아서는 안 되는 현대사의 정체

다. 그러나 진실은 정반대다. 국가주의는 전쟁을 방지하는 역할을 해왔다.

국가주의와 대립하는 세계주의가 오히려 전쟁에 대한 문턱이 낮다고 할 수 있다. 세계주의자들은 '자유', '민주주의', '평등', '인권', '윤리' 등을 보편적인 가치로 주장한다. 이것이 위험하다.

세계주의자들이 사용하는 이 용어들에는 확립된 정의가 없다. 그때그때 세계주의자가 편리하게 사용하고 있는 실정이다. 세계주의자들은 보편적인 가치를 핑계로 다른 나라 내정에 쉽게 간섭하고 더 나아가서는 전쟁으로 이끄는 것도 가능하다. 그리고 이미 보았듯이 세계주의자들은 실제로 그렇게 해왔다.

유럽과 미국의 주요 미디어는 보편적인 가치를 무시한다고 해서 특정 국가의 지도자를 극악인으로 취급하고 국제 여론을 세뇌하는 역할을 맡아왔다. 이들 미디어는 인도주의 정신이 넘치는 종교인과 같은 존재가 아니라 전쟁을 거는 선봉장이다. 이미 자세히 설명했지만, 미디어의 정체는 여론 세뇌 기관이다.

2020년 이후, 조화를 이루어 안정된 국제사회를 구축하기 위해서는 자국민의 복지를 우선시하는 주권국가

육성이 더욱더 필요해질 것이다. 미디어는 앞으로도 '국가주의의 복권'에 계속 경종을 울릴지도 모르지만 그러한 미디어의 태도에 이미 많은 국민들이 싫증을 내고 있다. 보편적인 가치가 있다면 자기 나라를 소중하게 여기는 국가주의가 그 첫째이기 때문이다.

국가를 소중히 여기는 정신이 공동체 의식을 낳고 공동체의 구성원이라는 인식이 도덕을 낳는다. 도덕은 국가주의의 핵심이고 도덕을 중시하는 마음은 인류 공통의 가치로 중시되어야 한다.

세계주의와 국가주의의 공존

2020년 이후, 세계주의 세력과 그에 저항하는 국가주의 세력의 인류 최후의 싸움은 아직 계속되고 있다. 이는 '물욕=세계주의' 대 '전통문화=국가주의'라는 구도의 싸움이다.

타협점을 찾기는 힘들어 보이지만 세계 여러 나라에서 세계주의적인 생활 방식과 국가주의 생활 방식이 모두 필요한 것은 확실하다. 얼마나 양측의 균형을 맞추어 나라의 발전을 도모할 수 있을 것인가.

세계화만을 절대 선으로 여기고 추진하는 사람들은

  알아서는 안 되는 현대사의 정체

많다. 그런 세력과 정면으로 대립하여 쓰러뜨리자는 것이 아니라 공존의 길을 찾아야 한다. 세계주의와 국가주의의 공존이란 세계주의가 가진 보편적인 가치라는 부분과 국가주의에 내포된 민족적 가치를 유기적으로 결합시키는 일이다.

그런 일이 과연 가능할까. 가능하다. 일본의 전통에서 세계주의와 국가주의 사이에 다리를 놓을 사상을 찾을 수 있다. '팔굉일우' 정신이다.

'팔굉일우'라는 말은 전후 GHQ가 위험 사상으로 여겨 사용이 금지되었다. 그러나 실제 의미는 완전히 반대로 세계 평화를 바라는 대조화(大調和)의 사상이었다.

초대 진무 천황이 즉위에 즈음하여 발표한 조칙에 나오는 건국이념에 '팔굉일우'가 등장한다. '천하를 덮어 집으로 삼을 수 있겠는가', 즉 천하를 한 집안처럼 생각하고 사이좋게 지내라는 뜻이다. '대조화'라고 해도 좋다.

'역할분담 사관'이라고 불리는 사고방식이 있다. 다카마가하라(高天原)[61]에서 모든 신들은 전부 역할이 달

---

61 일본 신화에 등장하는 장소. 하늘 위에 있는 신들이 산다는 나라이다.

랐다. 모든 신들이 역할을 분담했듯이 지금 1억2천만 명의 일본 국민 한 사람 한 사람이 독자적인 개성을 발휘하여 역할을 다하면 일본 사회는 조화를 이룰 수 있다. 세계에서도 각국이 그렇게 하면 세계의 조화를 이룰 수 있다.

각각의 나라가 독자성을 발휘함으로써 세계 전체의 조화를 이룰 수 있다는 것이다. 이것이 '자국 우선주의'의 핵심이다.

다만 '자국 우선주의'란 어디까지나 '자국민 우선주의'이며, 중국이나 북한과 같은 나라의 '권력자 우선주의'와는 다르다. 국민의 이익을 생각하지 않는 시진핑이 이끄는 중국공산당이나 김정은이 지도하는 북한 노동당이 주창하는 '자국 우선주의'는 위험하다. 개인의 권력 유지 확대를 위해 다른 나라를 위협하거나 영토를 빼앗는 일을 '자국 우선주의'라고 부르지는 않는다.

앞으로 '자국 우선주의' 정책은 각국에 서서히 침투해갈 것이다. 트럼프 대통령이 주장한 '자국 우선주의'는 각 나라가 국민들의 경제적 이익을 합리적으로 존중하는 정책을 취하면 저절로 균형이 잡히고 군사적 충돌은 일어나지 않는다는 것이다.

트럼프가 '팔굉일우'라는 말을 알고 있었는지는 모르겠지만 2017년 9월 유엔총회에서 트럼프 대통령은 "우리의 성공은 자국과 세계의 안전, 번영, 평화를 촉진하기 위해 주권을 인정하는 강력하고 독립적인 국가 연합체에 달려 있다", 즉 각 나라는 주권을 유지하면서 유엔이라는 지붕 아래에서 공존한다는 내용의 연설을 했다. 트럼프가 하고 싶었던 말은 실은 '팔굉일우'의 정신과 같다.

세계라는 지붕 아래에서 각 민족이 독자적인 방향성을 발휘하여 독자적인 문화를 연마하면 전체적으로 조화를 이룬 세계가 된다. 팔굉일우 정신은 앞으로 세계가 나아가야 할 방향을 나타낸다고 할 수 있겠다.

2019년 2월 국정연설에서 트럼프 대통령은 매우 흥미로운 말을 했다. "미국은 사회주의국가가 되지 않겠다"는 결의를 표명했다. 미국은 자본주의국가이다. 이제와서 왜 특별히 사회주의국가가 되지 않겠다고 말해야 했을까.

이는 세계주의가 지향하는 것은 세계의 사회주의화이며 이를 주의하라는 경고이다. 딥스테이트가 지향하는 세계 통일은 세계에 글로벌 시장 표준을 강요한다.

민족문화를 파괴하고 국경을 폐지하고 극소수의 금융 과두 세력이 독재적으로 지배를 하는 것, 즉 세계를 사회주의화하는 것을 의미한다. 앞서 말했듯이 팔굉일우 정신이란 정반대의 사상이다.

동서 냉전 시대에 소련이 지향한 세계의 공산주의화와 지금 딥스테이트가 지향하는 세계의 글로벌 시장화란 이름만 다를 뿐이다. 본질적으로는 사회주의에 의한 세계 통일이라는 같은 사상에 뿌리를 두고 있다. 왜냐하면 이 책에서 말해왔듯이 러시아혁명 이후 세계의 공산화를 목표로 한 혁명 세력과 동서 냉전 종료 후 세계주의를 추진해온 딥스테이트는 뿌리가 같기 때문이다.

이것이 20세기 역사의 요점이다. 우리가 20세기 기만의 역사를 극복하고 우리의 행복을 위해 21세기의 역사를 구축해가는 데 이 점을 확인해두어야 하겠다.

 알아서는 안 되는 현대사의 정체

다문화 공생이라는 국가 분단화 작전

2019년 3월 22일 일본 법무성은 재외국인 숫자를 발표했다. 그에 따르면 지난해 말 시점으로 총 재외국인 숫자는 273만 명에 달했다. 이는 사상 최다로 전년보다 6.6퍼센트 증가했다. 재외국인이란 취업, 유학 등 중장기 체류자에 재일한국·조선인 특별영주자(32만 명)를 더한 것이다.

나라별로는 중국(76만5천 명), 한국(45만 명), 베트남(33만 명), 필리핀(27만 명), 브라질(20만 명) 순이며, 이 중 기능실습생이 30만 명이 넘는다. 불법체류자 수도 사상 최다인 약 7만4천 명에 이른다.

이 숫자에 더해 지난 4월 1일부터는 개정 출입국관리법이 시행되어 특정 기능 노동자를 앞으로 5년 동안

34만5천 명 받아들이게 되었다. 일본의 재외국인 숫자
는 상승일로를 걷게 될 것이다.

이민자 수용에 대한 문제점은 이미 본문에서 지적했
는데, 이 책을 덮을 즈음해서 비교적 낙관적으로 논의되
고 있는 '다문화 공생'의 모순에 대해서 살펴보고자 한
다. 요즘 미디어에서 이민자 증가에 대비해 우리들 자신
이 관용 정신을 기르고, 다문화 공생 사회가 되어야 한다
고 보수계 지식인조차 주장하고 있다는 사실에 놀라움
을 금할 수 없다. 세계 각국에서 목격한 실상은 다문화
공생 사회를 실현하고 있는 나라가 전무하기 때문이다.

예를 들면 1990년대 초 벨기에의 수도 브뤼셀에서는
이란 이주민이 많이 사는 지역은 치안이 나빠서 지역 주
민들이 가까이 가지 않기 때문에 다른 지역으로부터 고
립되었다. 또 벨기에나 이스라엘에 돈을 벌러 와 있던
필리핀 사람들은 집단으로 생활하며 지역 주민과의 왕
래는 찾아보기 힘들었다. 지역 주민들도 그들과 어울리
려 하지 않았다. 그들을 활용하는 직장에서 필요한 최소
한의 관계가 전부였다.

오늘날 미국에서 불법 이민 대책이 엄격해지는 것,
EU 여러 나라에서 이민에 따른 폭력 사건이 많이 발생

    알아서는 안 되는 현대사의 정체

하거나 이민 수용에 부정적인 정당이 약진하는 것, 최근(2019년) 뉴질랜드에서 발생한 이슬람교 모스크에 대한 총기 난사 사건 등, 이민자와 주민 사이의 대립이 심화되고 있는 것이 현실이다.

왜 그럴까? 우리는 다문화 공생이 바람직한 모습이라고 우리도 모르는 사이에 믿고 있지만 여기에 함정이 있다. 다문화 공생이란 하나의 국가 안에서 다문화(다양한 인종이나 민족적 배경을 가진 사람들)가 공생하는 것이 아니라 각각의 국가(인종이나 민족으로 구성되다)가 각각의 문화적 특성을 발휘하여 서로 협력, 공존하는 것이어야 한다.

하나의 국가 내에서 다문화가 공생할 수 없는 이유는 명백하다. 공동체는 문화를 공유하는 사람들의 모임으로 성립된다. 그런데 이민자는 수용국의 다른 문화 공동체에는 들어갈 수 없다. 그들은 같은 출신국의 이민자 동료들과 집단생활을 하는 공동체를 만들게 되었다. 즉 일종의 '국가 내 국가'가 만들어진 것이다. 수용국에서 호의를 가지고 이민자들에게 각종 편의를 제공하려 해도 그들이 공생해주기를 기대하기는 힘들다. 결국 이민자에 대해서는 주민과의 공생을 강제하는 것이 아니라 그들의 집단에 간섭하지 않고 주민들이 그들에게 간섭하지 않게 만드는 냉정한 태도가 이주민과의 대립을 막는 방법이다. 사실상 단일민족인 일본에서 이러한 '불간섭 공존', '서로 어울리지 않는 공존'을 원활하게 실천할 수 있는지 매우 의문이다. 언제라도 다문화 간의 분쟁으로 바뀔 불씨가 묻혀 있으면 경계하는 것이 좋다.

그렇다면 다문화 공생은 환상인가. 그렇지는 않다. 다문화 공생을 실현하는 장소가 문제이다. 본래 다문화 공생이란 문화 공동체인 국가 간에 실현이 가능하다. 트럼프 대통령이 말한 '미국 우선주의, 각국 우선주의', 즉 각 주권국가가 특성을 발휘하며 세계라는 지붕 밑에서 공존하는 바로 '팔굉일우'의 세계관이다. 각각의 집이 있어야 그 집합인 국가라는 집이 존재할 수 있고 국가라는 집이 있어야 국가 간 상호 협력이 가능해진다.

이주민과의 다문화 공생 사회란, 실현 불가능하다는 점을 숨기고 우리를 혼란시킬 목적으로 제기된 정치적 타당성이라는 옷을 입고 국가 분단을 노리는 시한폭탄이다. 국가의 질서 파괴를 목적으로 하는 프랑크푸르트학파의 '비판이론'의 위험성에 대해서는 본문에서 몇 번이나 지적한 바 있다. 딥스테이트는 정치적 타당성이라는 소수파 우대 사상을 이용해서 국내 사회의 질서 파괴와 분단을 촉진해왔다. 그들의 최종 목적이 세계 통일(세계 정부 수립)에 있음을 다시 한번 확인해두고 싶다.

21세기를 딥스테이트로부터 우리의 손에 되찾기 위해서는 그들의 상투적인 수단인 정치적 타당성의 기만을 간파하는 것이 전제이다. 새로운 레이와 시대의 시작에 즈음하여 우리들 한 사람 한 사람의 정신 무장이 지금 요구되고 있다고 할 수 있다.

현재를 살아가는 우리와
더욱 밀접한 현대사 이야기

미국 대통령 도널드 트럼프가 미국 우선주의 정책을 내세우며 첫 번째 임기를 수행하던 시기에 저자인 마부치 무쓰오는 이 책을 출간했다. 역자로서 이 책을 만난 때는 도널드 트럼프에서 조 바이든으로 미국의 대통령이 바뀐 이후였다.

전직 외교관 출신 작가가 국제 정치적인 관점에서 새로운 시각으로 살펴본 현대 세계사를 다루고 있다는 이미지가 첫인상이었다. 현재를 살아가는 우리와 더욱 밀접한 현대사를 대상으로 하고 있다는 점에서 관심이 갔었다.

그리고 시간이 흘러 2024년 12월 도널드 트럼프는 징검다리 재선으로 다시 미국의 대통령이 되었다. 2기

알아서는 안 되는 현대사의 정체

트럼프 정부는 통상과 관세 등에서 우리에게도 많은 영향을 미치는 정책들을 추진하며 세계 질서에 여러 변화를 야기하고 있다. 이런 시점에서 1기 트럼프 정부까지의 시간을 다루고 있는 역사 이야기를 살펴보는 것도 좋을 듯하다.

저자가 말하는 정통 역사학에 익숙한 역사 이야기를 접해왔다면 이 책에서 제시하는 새로운 시각을 따라 읽어가는 현대사 이야기에 흥미로운 지점이 많을 것이다. 물론 저자는 역사를 보는 새로운 관점과 함께 일본인으로서의 역사 인식을 보여주기도 한다. 한국인 독자로서 그런 부분은 거슬릴지도 모르겠다. 그렇지만 저자가 초반부터 강조하고 있듯이 정보란 그것을 받아들인 사람 안에서 정리하는 과정을 필요로 한다. 이 책에서 얻은 정보가 스스로의 정보를 정리하는 데 유용한 데이터의 한 자리를 차지하는 것만으로도 저자가 보여주는 새로운 시각을 통한 현대사를 접하는 일은 충분한 의미가 될 것이다.

우리가 살아가는 지금은 모든 것이 빠르게 바뀐다. 생각도 마찬가지이다. 같은 생각을 가졌던 사람들이 시간이 지나면서 나뉘기도 하고, 어떤 사고에 담겨 있는 의미가 축소·확장되거나 재해석되기도 한다. 역사를 다루는 일도 이러한 흐름에서 비켜날 수는 없다. 새로운 입장, 다양한 시각으로 세상을 설명하는 이야기들을 접하다 보면 지금까지 놓쳤던 것들을 발견할 수도 있고 미래를 보는 눈도 조금이나마 넓어지지 않을까 하는 생각을 해본다.

2026년 2월

박연정

  알아서는 안 되는 현대사의 정체

| 주요 참고문헌 |

주요 참고문헌

허버트 후버, 『배신당한 자유(裏切られた自由)』(상하권, 조지 H. 내쉬 편, 와타나베 소우키 역, 소시샤, 2017)

패트릭 뷰캐넌, 『불필요한 두 개의 대전(不必要だった二つの大戦)』(고우치 다카야 역, 고쿠쇼칸쿠카이, 2013)

리처드 닉슨, 『지도자란(指導者とは)』(도쿠오카 다카오 역, 분게이슌주, 2013)

즈비그뉴 브레진스키, 『고독한 제국 아메리카—세계의 지배자인가, 리더인가(孤独な帝国アメリカ—世界の支配者か、リーダーか)』(호리우치 이치로 역, 아사히신문사, 2005)

에드워드 버네이스, 『프로파간다(プロパガンダ [新版])』(나카타 야스히코 역, 세이코쇼보 해설, 2010)

힐레어 벨록, 『유대인은 왜 마찰이 생기는가(ユダヤ人 なぜ、摩擦が生まれるのか)』(와타나베 쇼이치 감수, 나카야마 오사무 역, 쇼덴샤, 2016)

와타나베 쇼이치, 『명저로 읽는 세계사(名著で読む世界史)』(후소샤, 2017)

와타나베 쇼이치·마부치 무쓰오,『일본의 적 글로벌리즘의 정체(日本の敵 グローバリズムの正体)』(아스카신샤, 2014)

유스터스 멀린스,『민간이 소유한 중앙은행―주권을 빼앗긴 국가 미국의 비극(民間が所有する中央銀行―主権を奪われた国家アメリカの悲劇)』(하야시 고헤이 역, 슈에이샤, 1995)

나카무라 아키라,『대동아전쟁으로 가는 길(大東亜戦争への道)』(텐덴샤, 1990)

아먼드 해머,『박사 해머(ドクター・ハマー)』(히로세 다카시 역, 다이아몬드샤, 1987)

K. 칼 가와카미,『중국 대륙의 진상(シナ大陸の真相)』(텐덴샤, 2001)

찰스 A. 비어드,『루스벨트의 책임(ルーズベルトの責任)』(상하권, 가이마이 준·아베 나오야·마루모 교코 역, 후지와라쇼텐, 2011)

로버트 B. 스티넷,『진주만의 진실(真珠湾の真実)』(세노 사다오 역, 분게이슌주, 2001)

윌리엄 바,『키신저 '최고기밀' 대화록(キッシンジャー[最高機密]会話録)』(스즈키 치카라·아사오카 마사코 역, 마이니치신문사, 1999)

발렌틴 베리시코프,『나는 스탈린의 통역이었다―제2차 세계대전 비화(私は、スターリンの通訳だった。―第二次世界大戦秘話)』(구리야마 요지 역, 도호샤출판, 1995)

에토 준,『닫힌 언어 공간―점령군의 검열과 전후 일본(閉された言語空間―占領軍の検閲と戦後日本)』(분게이슌주, 1994)

안드레이 그로미코,『그로미코 회상록―소련외교비사(グロムイコ回想録―ソ連外交秘史)』(요미우리신문사 외신부 역, 요미우리신문사, 1989)

조지프 매카시,『공산 중국은 미국이 만들었다―G. 마셜의 배신 외교(共産中国はアメリカがつくった―G・マーシャルの背信外交)』(소에지마 다카히코 감수·해설, 모토하라 도시히로 역, 세이코쇼보, 2005)

앨버트 웨더마이어,『제2차 대전에 승자는 없다―웨더마이어 회상록(第二次大戦に勝者なし ウェデマイヤー回想録)』(상하권, 세노 사다오 역, 고단샤학술문고, 1997)

단바 미노루,『일러외교비화(日露外交秘話)』(주오코론신샤, 2004)

김완섭,『친일파를 위한 변명(親日派のための弁明)』(아라키 가즈히로·아라키 노부코 역, 소시샤, 2002)

즈비그뉴 브레진스키,『브레진스키의 세계는 이렇게 움직인다―21세기 지정학적 전략 게임(ブレジンスキーの世界はこう動く―21世紀の地政戦略ゲーム)』(야마오카 요이치 역, 일본경제신문사, 1997)

즈비그뉴 브레진스키,『부시가 망가뜨린 미국―2008년 민주당 대통령 탄생으로 미국은 반격하다(ブッシュが壊したアメリカ―2008年民主党大統領誕生でアメリカは巻き返す)』(미네무라 도시야 역, 도쿠마쇼텐, 2007)

헨리 키신저,『키신저―격동의 시대(キッシンジャー激動の時代)(1~3권)』(요미우리신문조사연구본부 역, 쇼가쿠칸, 1982)

앨런 그린스펀,『파란의 시대(波乱の時代)』(상하권, 야마오카 요이치·다카토 유코 역, 일본경제신문사, 2007)

『상설 세계사B 개정판(詳説世界史B 改訂版 [世B310] 文部科学省検定済教科書【81 山川/世B310】)』(야마카와출판사, 2017)

『상설 세계사도록 제2판(山川詳説世界史図録 第2版: 世B310準拠)』(기무라 야스지·기시모토 미오· 코마츠 히사오 감수, 야마카와출판사, 2017)

전국역사교육연구협의회,『세계사용어집 개정판(世界史用語集 改訂版)』(야마카와출판사, 2018)

마부치 무쓰오,『국난의 정체―일본이 살아남기 위한 '세계사'(国難の正体―日本が生き残るための「世界史」)』(총화사, 2012)

마부치 무쓰오, 『미국 사회주의자가 미일전쟁을 준비했다―'미일 근현대사'에서 전쟁과 혁명의 20세기를 총괄하다(アメリカの社会主義者が日米戦争を仕組んだ―「日米近現代史」から戦争と革命の20世紀を総括する)』(KK 베스트셀러즈, 2015)

마부치 무쓰오, 『'반일중한'을 조종하는 것은 사실 동맹국 미국이었다!(「反日中韓」を操るのは、じつは同盟国・アメリカだった!)』(와쿠사, 2014)

마부치 무쓰오, 『세계를 조종하는 글로벌리즘의 세뇌를 풀다―일본인이 알아야 하는 세계사의 진실(世界を操るグローバリズムの洗脳を解く―日本人が知るべき'世界史の真実')』(고쿠슈판, 2015)

마부치 무쓰오, 『세계를 조종하는 지배자의 정체(世界を操る支配者の正体)』(고단샤, 2014)

마부치 무쓰오, 『마부치 무쓰오가 읽어내는 2019년 세계의 진실―지금 세계 질서가 대격변을 맞고 있다(馬渕睦夫が読み解く2019年世界の真実―いま世界の秩序が大変動する)』(와쿠사, 2018)

알아서는 안 되는 현대사의 정체